SWITCHES TO WIN

INOUE NAOYA

まえ書き

鏡に映るネクタイのゆがみを直す。

紺系のスーツに合わせて同色のシンプルな無地の細いネクタイを選んだ。スーツは、そう着る機会がないが、まず既製品は合わない。肩や胸にフィットしたものだと袖や丈が長くなる。たまたま直前のイベント出演の際に仕立ててもらったブランドもののスーツがあったので袖を通した。髪の毛のサイド部分が少し浮いているのも気になるが、もう仕方がない。「1ミリくらいカットしとかないと」。そんなことを考えながら僕は記者会見場に入った。

8月26日。東京ドームホテル。オーロラの間。

うだる夏の暑さをなだめるように冷房が効いていた。別に緊張はしていなかったが、真夏にスーツでも汗ばむことはない。連続したシャッター音にフラッシュが眩しい。

巨大な大会の宣伝パネルの前に作られた檀上に座ると、一人おいて隣には、ノニト・ドネア（フィリピン）がマネージャーを兼ねる奥さんを伴って座った。この会見に出席するためだけに練習拠点のあるアメリカから強行軍で来日してくれた。親日家。宮本武蔵のサムライ精神を敬い、日本のアニメに凝る。レジェンドと呼ばれるボクサーは、とても柔和な表情を浮かべ目配せをした。

11月7日、さいたまスーパーアリーナで開催されるドネアとのWBSS（ワールド・ボクシング・スーパーシリーズ）決勝の記者発表である。

まだ発売もされていないのに、ジムの電話は、チケットの問い合わせで鳴りやまなかった。こういう景色を僕はずっと待ち望んでいた。

フジテレビのアナウンサーの代表質問に僕は落ち着いて話したと思う。

「WBSS決勝は、今後、最大のキャリアとなって、次のキャリアへ向けて、どんなに大切な試合かを自覚している。みなさんの期待も自覚している。一番対決したかったドネアと決勝で戦えることが嬉しい。持っているすべてのパフォーマンスを出し切り、アリトロフィーをゲットしたい」

ドネアは「井上は、この階級で最強の一人。アメージング（驚異的）な恐るべきファイター。モンスターと対戦できることを楽しみにしている。5年前に会った時、井上君が私をどう思ったか。学びを授けた人と思ったか、私を超えられると思って練習を続けたか。この試合にどんな戦略を持つかによっても違ってくるね」と声を張った。

記者会見は、嫌いではないが好きでもない。これがプロ19戦目。もう何十回となく記者会見をしてきたが、いまだに慣れない。この日、正式会見の後に続けて写真撮影があり、新聞記者の方々だけに立ったまま応じる〝囲み取材〟の時間もあったが、僕は、笑わなかったし、あえて多くを喋らなかった。

意識的にピリッとした雰囲気を作った。もう戦いは始まっているのである。この試合を「楽しむ」という感情には、まだならない。

勝敗のあるプロスポーツにおいて競技者は、楽しむものか、否か、が、いつも議論になるが、何の準備もしていない段階では、楽しめないし恐怖もある。100%の準備を終えていなければ、楽しむという気持ちにはなれない。だが、100%の準備ができていれば、やってきたことの結果が果たしてどう出るのだろう、と、自分への期待が高まり、それが「楽しみ」に変わる。今、この瞬間から、楽しむために何をするのかが大事なのだ。

そして、僕は、ドネアには強い好奇心を抱いている。

これまで一度として戦意を喪失しかけるほどのパンチを打たれたことがない。肉体と神経の回路を切断され、キャンバスに沈んだ経験はないのだ。本文に書いたが、僕は、わざとガードの上から打たせてパンチ力を計るという作業を時折、実行している。だが、プロに転向して18戦。僕に恐怖心を抱かせるパンチに遭遇していない。「やばいな」と感じるパンチャーとの対戦経験がないのだ。

1ラウンドが終わると、必ず、そのインターバルで、大橋秀行会長から「パンチはあるか？」と聞かれる。ボクシングジャーナリズムの方々に聞いた話では、それが大橋会長の出身ジムの「ヨネクラジム」を立ち上げ、恩師と慕う米倉健司会長の口癖。大橋会長は、セコンドの心得のひとつとして、それを踏襲されているそうだが、それほど、パンチの「ある」「なし」は、試合の勝敗に大きな影響を与える。心理面も含めてだ。

「パンチがある」と警戒するだけでボクシングのスタイルは変わってくる。

ここから先は推測にしか過ぎないが、今、すぐ傍に座っているドネアのパンチ力が過去最強のものになるだろうという覚悟がある。いや覚悟ではなく強い好奇心だ。

数々のＫＯシーンを演出、閃光と名付けられた伝説の左フックに、11月7日、どれだけのパンチ力を感じることができるのか。そこに興味がある。

僕の中で、海外の試合「ベストバウト」を選ぶとすれば、２０１1年2月にドネアがフェルナンド・モンティエル（メキシコ）を2ラウンドに沈めた世界戦になる。モンティエルの右フックをスリッピングアウェーで外すと同時に、外の死角から刈り取った左のフックカウンターの一撃。大の字になったモンティエルは痙攣していた。

そのタイミングを盗もうと幾度となく練習を重ねたことがある。

2017年12月30日にWBO世界スーパーフライ級王者、オマール・ナルバエス（アルゼンチン）と対戦する前には、直接、大橋ジムに来てもらい教えを請うた。タイトルの防衛戦で、ナルバエスとフルラウンドを戦い判定勝利した経験のあるドネアは、あるナルバエスの癖を教えてくれていた。

「オーソドックスな左ジャブに対して、サウスポースタイルからの角度をずらした左ストレートを合わせてくる癖があるぞ。それが得意なんだ」

実際、2ラウンドの初めに、その左をもらった。

「これか」とは思ったが、ドネアから聞いていたので驚きはなかった。

ドネアの教示は受けたが、直接、拳を触れ合ったわけではない。彼自身のことは何もわからなかった。だが、パワーを武器に5階級制覇を成し遂げた伝説のボクサーのパンチに、何も感じないわけがない。この試合ではきっと何かを感じる。

おそらくだが、ドネアの左フックをガードの上から受けて「これはいけるな」

とは思わないだろう。「やばいな」と思い、ピリピリとした緊張感に包まれる。それを早く感じたい。

そして、ドネア戦の向こう側にある風景を見てみたい。

大好きなC&Kさんが歌ってくれている。

行こう行こう行こう～　夢見る景色へ
行こう行こう～　未だ見ぬ景色へ

（JASRAC出1911175-901）

ドネア戦の向こうには、どんな景色が広がっているのだろう。

その景色を見るために、今、僕は何をしなければならないのか、そして、今日一日、ベストを尽くしたのか。僕は、今日も自問自答を繰り返しながらバンテージを巻くのである。

本書は、そのドネア戦の前に世の中の本棚に並ぶと聞かされた。そういうプレッシャーは好物である。今回は、時間が限られている中、26歳の僕の今の思いをできるだけ素直に自然にまとめてみた。気分と感性。あるがままに――が僕のスタイルで、綺麗ごとや名言の類も苦手である。それで書籍が成立するのか不安はあった。しかし、編集を手伝ってくださった方々と、打ち合わせをしながら議論を深めると、そこには「勝ちスイッチ」のようなフィロソフィーが見え隠れしているらしい。

僕は試合前に相手を過大評価しておくが、この本に関しては、そう過大な期待をせずに、ごくごく軽い気持ちでページをめくっていただければ嬉しい。

大橋会長、両親、拓真に浩樹、大橋ジムのスタッフの皆さんと、本書の製作に尽力してくださった関係者の方々に感謝の気持ちを忘れずに。この先の人生を左右するドネア戦に集中するため、ひとまず、ここで筆を置く。

WBA、IBF世界バンタム級王者　井上尚弥

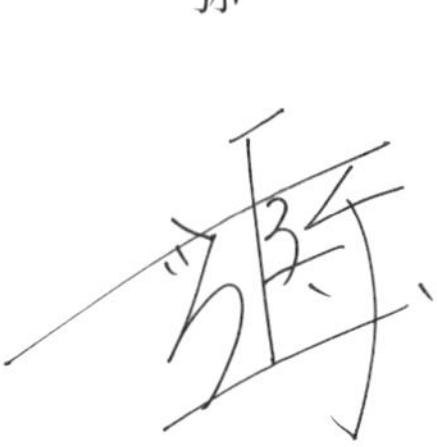

3R 思考スイッチ

4R 肉体スイッチ

5R モチベーションスイッチ 148

6R 最強スイッチ 200

1R

勝利スイッチ

僕は天才ではない

僕は天才ではない。

2018年にバンタム級に転向して以来、5月に10年間無敗だったWBA世界バンタム級王者、ジェイミー・マクドネル（英国）を112秒で葬り、10月にはボクシング界の天下一武道会ともいえるWBSSの1回戦で、元WBA世界同級スーパー王者のファン・カルロス・パヤノ（ドミニカ共和国）に、70秒でテンカウントを聞かせ、今年5月の英国グラスゴーに乗り込んだ準決勝では、IBF世界同級王者のエマヌエル・ロドリゲス（プエルトリコ）を、259秒でキャンバスに転がした。

この3試合のインパクトだけを見て、今の僕を天才だという人もいる。

もし7年前のプロデビュー時に、今のボクシングができていたとすれば、天才の称号をありがたくお受けして否定はしない。しかし、現実は、そうではなかった。

6歳で、町田協栄ジムに通っていた父・真吾の姿に憧れてボクシングを始めた僕は、小学生の頃からスパーリング大会で上級生に勝ち、第1回U―15大会で優勝。高校では7冠を獲得して、当時、日本王者の八重樫東さんら、プロのトップボクサーともスパーリングをしてきた。

いわゆる飛び級で結果を出してきたから「天才少年」とメディアに取り上げてもらうことも少なくなかった。謙遜ではなく、人よりも先に、しかも、かなり本格的な練習量に裏付けされたボクシングを始めていたというアドバンテージがあったに過ぎない。

大橋ジムにいた吉田〝ARMY〟真というボクサーが、昔の僕とのスパーリング風景をユーチューブにアップしていた。自分でも赤面ものの未熟な井上尚弥がそこにいた。ひとつひとつのパンチには、スピードはあって、全体的にまとまっているが、体のさばき、ステップワーク、相手のパンチに対する反応などには、突き抜けたセンスを感じさせるものはなかった。

現在、WBO世界フライ級王者の田中恒成選手のプロデビュー時の方が、僕なんかよりも数倍センスのある動きをしていた。

僕には天才と呼ばれるほどのセンスがないことを、当時から自覚していた。

現在の僕の専属トレーナーでもある父は、「1万時間の法則」という原理をよく持ち出す。マルコム・グラッドウェル氏が著書『天才！ 成功する人々の法則』（勝間和代訳／講談社）で紹介した概念だ。天才になるには、それだけの努力が必要で1日8時間練習するとしても3年以上かかる。僕の感覚からすれば、1万時間で天才になれるのならば楽なもの。その1日8時間の中身がさらに問われ、限界までやったのか、考えながらやったのか、練習のための練習ではなく試合を意識してやったのか、が問題。質の高い練習を毎日、1万時間以上、積み重ね、結果が出たときに、やっと天才の「て」くらいに言われるようになるのかもしれない。

父は、メディアの取材で「天才ですね」と、ヨイショされると「尚が血のにじむような練習をしてきたことを知らないのに、簡単に天才などという言葉を使わないでくださいよ」と冗談半分、本気半分の勢いでたしなめるときがある。

小学生のとき、拓真と2人で、朝6時に起床して自宅の近くにある公園の1周400メートルのグラウンドを月曜日から土曜日まで毎日、10周走った。中、高校生になると、自宅に、父が設置した荒縄を腕だけでのぼり、父が乗る軽自動車を押して坂道を上った。

今でも午前9時に拓真、浩樹の3人で自宅近くに集合。1時間のロードワークを欠かさない。ジャンケンで、先頭を走るリーダーを決めたりコースを変えたり、遊び心を入れながら、夏場は、上半身裸になって走る。雨が降ればスポーツジムに場所を移して別メニュー。ジムワークでは、課題を日々の練習、スパーリングで根気強く一つ一つ解決しながら、やっと人に自慢できる技術が備わってきたという過程がある。

ガード、ステップワーク、カウンター。今までできなかったものが、一つできるようになれば、それが喜びに変わり、次へのモチベーションに変わり成長の2文字となる。その過程を楽しみながら、ここまできたのだ。ようやく1万時間以上の練習が染みついてきたという実感があるだけで天才とは思わない。

秀才が努力しているプロセスなのだ。

そもそも天才の定義とは何なのだ。

父は、「天才とは、中学生で五輪メダリストを倒した卓球の張本智和さんみたいな選手たちのことを言うんだ。なんで中学生が大人のオリンピアンに勝てるの？」と主張している。

16歳の張本智和選手も小さい頃から人一倍の努力をしてきたのだろう。それでも努力だけではたどりつけないステージがある。卓球とコンタクトスポーツでは競技性が異なるが、U―15のチャンピオンがいきなり五輪のメダリストに勝つようなものである。張本選手らは、そのステージに足を踏み入れている天才なのだ。

自分が考える天才の定義とは「何もしていないのにできる人。努力しないで才能をリング上で発揮できる人」。こういう人が努力すると神の領域へ向かう。

ボクシング界では、元WBC世界バンタム級王者の辰吉丈一郎さんだろう。デビュー時やプロ4戦目で日本バンタム級タイトルを岡部繁さんからKOで奪った試合の映像などを見ると、まさに天才だと思う。キャリアの浅い時期にああいう動きのできる人が天才なのだ。カリスマとしてファンの圧倒的な支持を受けたのも納得である。

現在、ボクシング界には、ひとつの階級に4本のベルトが存在する。WBA、WBC、IBF、WBOの4団体である。ベルトの価値という点で異論はあるが、アマエリートが努力を積み、そこに運があればチャンスの訪れる時代である。天才である必要はない。WBAとWBCしか認められていなかったひと昔前のボクシング界と違い、世界王者になる機会は大きく広がっている。しかし、本当に目指すべきは、チャンピオンの中のチャンピオン。ベルトを統一するようなリアル

（真）チャンピオンにある。
ＷＢＳＳの決勝では、ドネアが僕の持つＷＢＡ世界バンタム級王座のスーパー王者なので、ＷＢＡの統一戦となり、ＩＢＦ世界同級王座の２つのタイトルがかかる。その分、モチベーションがアップしている。問われるのは、そのために何をやるか、他のボクサーよりも考えているか、行動に移せているのか、ということなのだ。

その努力の中身がリアル（真）チャンピオンを作る。

日本の選手の中では頭ひとつ抜けているという自負はある。世界でいえば、伝統と権威のある米国の専門誌「ザ・リング」が、もしボクシングに階級がなく同じだったと仮定すれば、誰が一番強いか、というランキング「パウンド・フォー・パウンド」を設定しており、僕は執筆時点で４位にランキングされている。それだけの評価を受けているのは光栄だ。だが。そこが目標ではない。「ああそうか」というくらいの感想。人がつける評価には「オレは違うよ」という意見もあるだろう。求めているのは、１試合、１試合の内容と結果だ。

デビュー時に「怪物（モンスター）」というセカンドネームを大橋会長につけてもらった。リング上でコールされるとき、「モンスター、井上尚弥」と呼ばれた。正直に言えば、「井上尚弥だけでよくない？」と思っていたし嫌だった。だが、大橋会長曰く、最初から日本の枠を飛び出して海外で活躍することを念頭に置き、「海外で浸透しやすいニックネームになれば」との理由で「モンスター」を考えたという。

実際、アメリカでは「モンスター」の呼び名が定着した。NAOYA・INOUEよりも、アメリカでの認知度は上だ。今後、アメリカで試合を行っていくプランがあるなかで「モンスター」は悪くない。やはり先見の明がある大橋会長は只者ではない。天才ではなく世界中の人々に井上尚弥イコール「モンスター」と同義語で語られるボクサーでありたい。

リングに命はかけない

リングに命はかけない。試合前に遺書を書いて会場に向かうボクサーや、「ぶっ殺してやる」と、気持ちを極限まで高めて決戦への花道を歩くボクサーの話はよく耳にする。大橋会長も、「川嶋勝重（元WBC世界スーパーフライ級王者）や八重樫東（元3階級制覇王者）は体から湯気が立つくらい緊張感を高め燃え上がっていたものだが尚弥にはそれがない。その冷静さに驚かされるよ」と言う。

実は「命をかける」ボクシングは、僕が理想とするボクシングの対極に位置している。

殴り合いにいくのだ。当然、本能も感情も覚悟もある。しかし、僕が求めているのは、そういう種類のボクシングではない。ルールのある競技のなかで、2本の腕だけを使って、最大限に、何ができて何を魅せられるのか。スポーツと割り切れるほど、純麗な感情ではなく、表現は難しいが、情熱や殺気、そして冷静さ……その両方のバランスを操りながら、勝つためのデザインを描き、その作業を遂行していく。ボクシングの最高峰を突きつめたいのだ。スピード、テクニック、パワー、気力、ラウンドのコーディネート、そして、人智を超えた神業。僕は「打たさずに打つ」「パンチをもらわずに勝つ」究極の心技体の完成作品をそこに求めている。

勝利へのデザインを僕は「作業」と呼んでいる。「ぶっ殺してやる」という怒りや憎悪の感情が、そこに入り込んでくると、数ミリ単位で計算し、神経を限界まで研ぎ澄まして完成させていく、その作業に狂いを生む。「ぶっ殺してやる」という種類のテンションは距離を測り、パンチが当たる位置、当たらない位置を瞬時に察知しながら、最善の方法を選択していくというインテリジェンスな作業の邪魔になるのだ。

とはいえバンテージを巻くところからスイッチを入れた僕の全身にはゴングを聞く頃にはアドレナリンが駆け巡っている。憎悪を持たなくとも殴ることになんら躊躇はない。

小さいときから父に拳は凶器だと教えられてきた。

中学生の頃には、「素手で本気で殴ったら人は死んでしまう」と、拳の持つ怖さを知った。もちろん、素手で人を殴ったことは一度もない。だが、グローブをつけると、拳は、自らを表現するためのツールとなり、殴ることに躊躇はない。

ただスパーリングパートナーを長く務めてくれているフィリピン人のジェネシス・セルバニア選手だけは別だ。世界挑戦経験があり惜しくも敗れた強靭なボクサーだが、仲良くなるにつれ、愛嬌のある笑顔を見ると、強くは殴れなくなるのである。

予期せぬ外的要素で感情をコントロールできなくなりそうな試合はあった。自己との内なる戦いを余儀なくされた試合である。

バンタム級転向、即世界挑戦となったWBA世界バンタム級王者のジェイミー・マクドネルとの試合がそのひとつで、その王者は東京ドームホテルでの前日計量に1時間7分も遅れてきた。

僕は、1グラム単位で計量時刻の13時きっかりに合わせて体重を調整してきた。減量に苦しんだマクドネルは、急激な〝水抜き〟と呼ばれる減量手法を試み、時間内にリミットまで落とせなかったのである。しかもホテルについてからトイレに籠城していた。

元WBC世界バンタム級王者の山中慎介さんとの再戦で、ルイス・ネリ（メキシコ）は、確信犯的に計量オーバーをしてきた。マクドネルにも、多少の不安はあったが、ベルトを6度守ってきた紳士の国、英国のチャンピオンのプライドを信じていた。

遅れてきたあげく、計量をクリアすると、もう試合が終わったかのごとく陣営の人間も大はしゃぎしていた。僕への謝罪の言葉はひとつもないままだった。イラッときた。相手のプロモーターのエディ・ハーンは「海外では30分、1時間の遅れは当たり前だ。騒ぎたてることじゃない」と語っていたそうである。

ルール上は、彼に付き合う必要はなく、僕だけが定刻に計量をさっと済ませ帰宅することもできた。だが、後からどんな難癖をつけられるかわからない。用意してもらった控室で時間を潰したが、その1時間の間に代謝が進み、体重がリミットより150グラムだけ落ちた。僕は、慎重に150グラム分だけ水分を取った。そういうギリギリの勝負をお互いにしているのだ。マクドネルは、前日の記者会見で顔を合わせた人物とはまるで別人だった。目はくぼみ、頬がこけ、水分を失った顔は皺だらけで40歳に見えた。

一時的に脱水状態となり、計量後は、すぐにホテルの部屋で横になったという。僕の怒りは沸点に達したが、計量会場のホテルを出るころにはもう冷静さを取り戻していた。

後の章に詳しく書いているが、この試合は、ファーストコンタクトでマクドネルが減量失敗で壊れていることがわかった。あえて粗削りなボクシングで暴力的に攻撃した。冷静にマクドネルを観察した結果、導いた結論だった。ただ心のどこかに置いてあったイラッとした感情が、ほぼノーガードでパンチを振り回す暴力的なファイトを無意識にプッシュしていたのかもしれない。

自制心が揺れた試合……英国グラスゴーでのIBF世界同級王者、エマヌエル・ロドリゲスとのWBSS準決勝もそうだった。父が、相手陣営の公開練習を視察に訪れ、スマホで練習風景を撮影していたところ、いきりたったロドリゲスの新任トレーナーのウィリアム・クルスに突き飛ばされたのだ。キレかけた父は、メガネをとり、拓真に「持っとけ」と預けて臨戦態勢を整えた。拓真も、「正気かと。顔がまじで、ほんとにやりそうだった。ちょっとドキドキした」と、焦ったそうだが、父は我を失わなかった。

僕を動揺させないため、試合が終わるまで、ずっとこのことを黙っていた。自分の公開練習時間に備えて、近くの車の中で待機していた僕は、スタッフからその話を教えてもらい「許さない」と不快感に包まれた。

それでも僕は、公開練習でも公式会見でも怒りのワードを封印した。「絶対にぶっ倒してやろう」という決意は胸の奥にしまった。父が、そのことを一切、話さない理由もわかっていた。感情が乱れるし、ルールのある高貴なボクシングを野蛮な喧嘩とはき違えているロドリゲスサイドと同じレベルでやりあうことはしたくなかった。

己を律した行動は吉と出た。地元メディアもロドリゲス陣営のアンフェアな行為を批判的に報じてくれたおかげで、紳士の国の人たちは、僕の味方についてくれた。ロドリゲスが登場すると会場は大ブーイング。僕にとってホームの雰囲気を作ってくれたのである。

ゴング直前に、レフェリーからの簡単な注意を聞く際も、ロドリゲスのトレーナーは、敵意をムキ出しに、ずっと父を睨みつけていた。

試合は、自分でも「めちゃくちゃ楽しかった」と感じる技術戦になった。2ラウンドにインサイドに入り自分の距離から右ボディから左のフックのコンビネーションブローでダウンを奪った。ロドリゲスのガードが高いことを見越して内側からねじこんだショートストレートである。一瞬、僕は、あの敵のセコンドに向けて「どうだ！」とアピールしかけてしまった。すぐに、それは無作法だと思いとどまったが、冷静のようで、心のどこかに怒りや憎悪といった心理がとぐろを巻いていたのである。もっと僅差の試合になれば、いらない感情は邪魔になる。だから僕は、できるだけ、そういう人間的で計算の立たない要素を排除してメンタルをコントロールしようとしている。「命をかける」とは、対極にあるボクシングのカタチである。


ロドリゲスのトレーナーとの因縁についてひとつ追記しておく。

試合が終わると、ノーサイドの精神で、互いの健闘をリング上で讃え合うのがボクサーのマナーでありスポーツマンシップである。

ロドリゲスとは握手をして互いに言葉も交わしたが、例の無礼なトレーナーはついに近寄ってこなかった。父は、後味が悪かったのか、「なんだかすっきりしないなあ」と、ぶつぶつ言っていた。ちょうどバックステージで取材を受けているときだった。クルス・トレーナーがすぐ横を通りかかった。父は、姿を認めながらも無視を決め込んでいた。するとクルス・トレーナーが歩み寄ってきて、父に右手を差し出した。

「グッドファイト！」

そう話しかけられると、緊迫していた父も途端に相好を崩して、その手を握り返した。

「これがあるからボクシングは素晴らしいよ」

僕も激しく同意した。

バンタム級に転向して以来、邪念との内なる戦いを乗り越えながら、ジェイミー・マクドネル戦、WBSSのファン・カルロス・パヤノ戦、エマヌエル・ロドリゲス戦と「打たさずに倒す」理想に近い試合が3試合続いている。

しかし、理想の追求にゴールはない。

理想とするボクシングを、誰に対しても、たとえどんな状況であっても、しっかりとあてはめて勝つことができるようになったとき、僕は、本当の自信をつかみ、究極のボクシングと呼べるものを手にできるのかもしれない。だが、今は、そこまでの自信はない。これだけ練習をやってきても「まだできない」「そうじゃない」と納得できないモノがある。そこに己との戦いがある。

ゆえにボクシングは奥深く、戦えば戦うほど、その深淵にひきずり込まれていく。ボクシングが大好きで、それを職業にしている一番の理由はここにある。

ドネアとの試合が終わったとき、僕は「究極の作品」と胸を張って語れるボクシングの域に足を踏み入れているのだろうか。

勝利をデザインする作業

最近は、勝利をデザインすることを「作業」という言葉で表現することが多い。

一撃必殺のＫＯパンチを当てる前に、相手をいかに弱らせるか、の作業である。「相手を弱らせる」は「相手を崩す」「相手にボクシングをさせない」「相手の長所を消す」と同意語である。こちらがペースを作り、相手を弱らせてから、フィニッシュへ。言葉にすれば簡単だが、元気な相手に、いきなりビッグパンチは当たらないし、こちらの空振りが増えると、スタミナを消耗して、描いたデザインがどんどん狂い始める。

「作業」はミリ単位だ。パンチを外すことも、当てることも、ミリ単位のディテールをとことん追究していかねばならない。

そのペースの作り方、相手の長所の消し方には、幾通りものパターンがあるから、トレーニングは、過酷になるし、試合が決まると、週に3日のペースで計100ラウンド近いスパーを消化することになるのだ。

来る11月7日のＷＢＳＳ決勝のノニト・ドネア戦。レジェンドと呼ばれるボクサーを相手に、僕は、日々、ドネアの長所をどう潰すかを思案して、仮想ドネアを相手に、「倒す作業」のあらゆるパターーンの予行演習を繰り返している。

ドネアの長所をどう潰すのか。そもそもドネアの長所はどこなのか。

この本を手にしているボクシングマニアの方には紹介するまでもないだろう。しかし、一般の方々は、「そこまで詳しくない」のが当然だろうから簡単に説明しておく

ドネアは45戦40勝（26ＫＯ）5敗の戦績を誇る5階級制覇のアジアから飛び出た世界的スターである。フライ級からスタートし、2007年7月7日、七夕の日の世界初挑戦がＩＢＦ世界フライ級王者のビック・ダルチニアン（豪州）という強豪だった。ダルチニアンは、2012年に来日して、元ＷＢＣ世界バンタム級王者山中慎介さんに判定負けしているが、ドネアと対戦した当時は、ドネアの勝ちを予想する声はなかった。その逆風の中、ドネアは大方の予想を覆したのである。5回に左フックのカウンターを一撃。ガクンと倒れたダルチニアンは、立ち上がろうとしたが、足に力が入らず、リングを端っこまでよろけ、リング内に入ってきた陣営に抱きかかえられた。「ＴＨＥ ＦＩＬＩＰＩＮＯ ＦＬＡＳＨ」（フィリピンの閃光）と呼ばれるパンチの鮮烈なデビューとなった。その後、スーパーフライ級で2階級制覇に成功し2011年にバンタム級に上げて、僕が「ベストバウト」にリストアップしているフェルナンド・モンティエルとのＷＢＣ、Ｗ

BO世界バンタム級王座統一戦で、また左の閃光を光らせてKO勝利、この試合は、リング誌のノックアウト・オブ・ザ・イヤーに選出されている。モンティエルは、元3階級制覇王者、長谷川穂積さんとの事実上の統一戦を戦いKO勝利しているトップファイター。ちなみに自慢話のようで恐縮だが、2018年の僕が70秒KOしたパヤノ戦も、このノックアウト・オブ・ザ・イヤーに選ばれている。

そして、その初防衛戦では、のちに僕がタイトルを奪うことになるオマール・ナルバエスと対戦して判定で勝利している。2012年には、元2階級制覇王者の西岡利晃さんにも9回TKOで勝ったドネアは、フェザー級、スーパーバンタム級で5階級制覇に成功。フィリピンが生んだ6階級制覇の大スター、マニー・パッキャオの後継者として、その地位を確固たるものにした。

ただWBO、WBA世界スーパーバンタム級王座統一戦では、ギジェルモ・リゴンドー（キューバ）に判定で敗れ、WBA世界フェザー級王座統一戦では、正規王者のニコラス・ウォータース（ジャマイカ）に6回KO負けを喫して、この階級でのパワー不足と、ドネア限界説を囁かれることになった。しかし、201

8年に7年ぶりに適正階級ともいえるバンタム級に戻してWBSSに参戦してきた。ドネアにとってボクシング界のヒエラルキーにおける地位と輝きを取り戻すための参戦だったのだろう。1回戦では、優勝候補の一人だったWBA世界バンタム級スーパー王者のライアン・バーネット（英国）を腰痛アクシデントによる棄権というラッキーな形で下し、準決勝でもWBO世界同級王者のゾラニ・テテ（南アフリカ）が肩を痛めて欠場というアナウンスがあり、またしてもアクシデントで強豪との対戦を回避した。代役となったWBA世界バンタム級5位のステフォン・ヤング（米国）に全盛期を彷彿とさせる左フックの洗礼を浴びせて倒し決勝進出を果たしている。世界の頂点を獲るのは、努力と運である。ドネアは、その運を追い風に変えて、さいたまスーパーアリーナにやってくる。プライベートも含めて何度も来日している日本大好きの彼にとってみれば、ここはアウェーではないだろう。

ドネアの長所をどう殺すか。レジェンドと呼ばれる彼の長所は、あの左フックである。確かに、36歳のドネアには全盛期のスピードはないのかもしれないが、バンタム級に戻したことで、上の階級から持って降りてきたパワーと、数々のビッグマッチを経験してきた45戦のキャリアがある。およそ、僕の2・5倍の試合数。この3点が彼の長所だろう。

伝説の人へのリスペクトこそあれ油断、慢心はまったくない。

この本は、試合前に出るので、すべてを明かすことはできないことを承知していただきたいが、逆にドネアの立場に立って、何をされることが一番嫌か、長所を生かす戦いにしないためにはどうすべきか、を考えてミッションを練った。

ドネアをあの左フックを使いたいけれど使えない状況に追い込み、弱らせ、フィニッシュに持ち込むのが、描く勝利へのデザインである。

準備は、細部に及ぶ。これまで僕は、ほとんどと言っていいほどクリンチはしたことがない。それが、リング上のパフォーマンスで評価してもらいたい、という僕の美学でもあるが、ドネアの豊富なキャリアを考えると、接近戦になるパターンも想定しておき、クリンチも必要になってくるかもしれない。秘かにスパーではクリンチも練習している。どんな些細なことでもいい。レジェンドがやられて嫌なことをひとつひとつ入れていくことでドネアのメンタルをパニックに陥れたいのである。

ゾーン体験は狙わない

継続は力以上のモノを発揮することがある。

継続は力なり、というが、時には、継続することで持っている力以上の何かを発揮することがあるのだ。続けることは大切だが、その日々の努力の積み重ねの濃度が濃ければ、知らぬまに爆発的なエネルギーを蓄えていくのだろうか。

僕は、それを体感した。ステージが整い、相手の息遣いや瞬きの音さえ感知できるほど五感のアンテナを張り巡らせると、瞬間、信じられないことが起きる。

そのひとつの形がゾーンと呼ばれる状態なのだろう。

アスリートは不可思議な異次元空間を体験することがある。僕も2度、ゾーンを体感した。一度目は、2014年12月30日に東京体育館で、WBO世界スーパーフライ級王者、オマール・ナルバエスに挑戦した試合。フィニッシュは2ラウンドの左ボディだった。実は、その前に同じ左のパンチで脇腹をえぐっている。左を上下に連打したとき背中を丸めた。もう一度、同じ入り方をすれば、同じようにロープへ下がる姿が読めたのだ。左の捨てジャブ2つから、右のストレートを真正面から打って、十分にガードを上げさせておいてからの左ボディ。脇腹がきしむほどの衝撃に正座して座りこんだアルゼンチンの王者は、そのまま動かなかった。

しかし、それは、パヤノ戦で感じたものと比べると、まだゾーンの入り口、序章に過ぎなかった。さらに一歩進んだのが、2018年10月の横浜アリーナ。1ラウンドで終わったWBSS1回戦のパヤノ戦だ。わずか70秒で終わった、あの一瞬の出来事は、時間が止まり、まるで映像をスローモーションでひとこまひとこま駒送りしている感覚を覚えた。

あらゆる条件がクロスしていた。

日本で初開催となるWBSS。白と黒のコントラストが強調されたWBSS用の照明セッティングが施され、キャンバスの色は黒だ。しかも、相手は元WBA世界同級スーパー王者である。注目は日本だけに留まらず、記者会見は、すべて英語の通訳つきで行われ、横浜アリーナの会場の空気もいつもの世界戦とは違っていた。世界最高峰のイベントが、そのまま横浜に持ち込まれた特別感。高まった。僕自身のモチベーションも最高潮だった。

パヤノとの波動もピタリとあった。

実は、パヤノとの試合は、当初、長引くと覚悟していた。身長のあるサウスポー。意外と懐が深くてパンチを当てにくいと考えていた。パヤノは、その後、山中慎介さんとの2度の世界戦でトラブルを起こしたルイス・ネリと対戦しているが、その試合も、ワンツーを主体に遠い距離からのアウトボクシングを徹底し、密着戦は、クリンチで潰していた。ネリがやっとつかまえたのが9ラウンド。この試合に似た展開も想定していた。

ゴングが鳴ると、不思議な現象が起きた。僕は、相手と対峙すると、あらゆる情報を収集するが、呼吸にも注意を払う。そのパヤノの呼吸と、自分の呼吸がピタリとあったのだ。

左のグローブでパヤノの右のグローブにポンポンと触れながら、バランスとタイミングを図りながらスタートした。パヤノの繰り出すパンチはすべて見えていてステップバックで外していた。吸って、吐いて、吸って、吐いて……その鼓動があった瞬時に「今だ」と思った。絶対に当たると確信を持って左のジャブを打った。下から入り内側からねじこんだ。ジャブを出した瞬間に倒せるという直感が走った。距離感と、位置、すべてが数センチ単位でピッタリとはまっていたのである。

パヤノが、そのジャブに反応。左を返そうと動いたとき、暗闇で、標的にスポットライトを当てたかのような1本の光の道が見えた。僕は、ピンポイントで照らされた的に向かって右のストレートを打ちこむ。そこからパヤノの顎を打ち砕くまで、ひとこまひとこまスローモーションのように時間が止まったのだ。スローモーションゆえに光が当たった急所をしっかりと打ち抜くことができた。周りの音も聞こえない。

次の瞬間、パヤノはリングに倒れ、僕は右手を突き上げていた。

いろんなパターンを想定していたが、このパターンだけは想定していなかった。「打たさずに打つ」が信条の僕が、相手の様子をうかがう〝捨てパンチ〟も出さず、実質のファーストブローで勝負を決めにいくことはまずない。試合が始まったばかりでパヤノが十分に反応するリスクがある。無謀と勇気は違うのだ。それでも、あれができたのは、時間が止まるゾーンに入ったからである。すべての条件がリンクして究極の精神世界が実現したのだ。

アスリートは成功体験の再現を追求する。

特にゾーンを体験したアスリートは、その再現を模索するとも聞く。けれど、僕は、あのゾーン体験を再現したいと考えたことはない。ボクシングは、毎回、相手が変わる競技で、同じ状況は起きえない。タイムを競う競技とは違うので集中力が高まるだけではゾーンは成立しない。何かマニュアルに沿ってゾーンを作ることは不可能だろう。僕も意図的にそういうチャレンジはしていない。ただ、継続が力以上のものを発揮するのである。そのことを体感した以上、さらに継続の質を高めていこうと考えている。

ちなみにゾーンを体験したパヤノとの試合は70秒で終わったが、試合後、筋肉痛になった。「たった70秒なのに?」と読者の方は、不思議に感じるかもしれないが、多くの人に見られているステージに上がり、緊張して固まっている状態の筋肉を控室のアップから無理に動かそうとした反動。それだけ筋肉に負担がかかるのである。

2R

決戦スイッチ

準備の質を上げる

来るWBSS決勝の舞台は、さいたまスーパーアリーナである。客席の設定には、いろんなバージョンがあるらしいが、15000人以上入る様子で僕にとっては過去最大の会場になる。格闘技の会場として有名だが、ボクシングでは、WBA世界ライト級王者、畑山隆則VSジュリアン・ロルシー（フランス）などが行われている。僕は一度も、ここで試合をしたことはない。ただAAA（トリプルエー）のコンサートでは訪れたことがあって、おおよその雰囲気はつかめている。

過去18戦は、海外も含めて色んな会場で試合をしたが、どこが一番好きかと聞かれると困る。これまで最も多く試合をしたのが元々はテニスの会場として作られた有明コロシアムだ。過去4戦はここで戦った。12000人収容の会場。まだ満席にはできていない。

あそこをフルに埋めたいという願望がある。

有明コロシアムの控室は広い。

控室は、出陣基地だ。会場によって違うが、長机に椅子、モニターテレビが置かれ、そこでストレッチ、ウォーミングアップ、ミット打ちができるスペースが作ってある。

会場入りは、試合開始予定時間の4、5時間前。入ると、まず居場所を確保する。いつも決まった場所があるわけではないが、たいてい端っこを選んで荷物を置く。動物は四方を敵から守ることのできる、壁際や角を安住の地にするらしいが、いつのまにか、そういう場所を選ぶ僕にも動物的な習性が宿っているのかもしれない。荷物を置いたら、父らスタッフと共に会場内に入ってリングへ向かう。

リングチェックと呼ばれる作業でキャンバスの硬さや滑り具合、張られているロープの強弱、そして広さを確認する。リングの大きさは、ルールで「正方形でワンサイドのロープの内側が原則として18フィート（5・47メートル）以上24フィート（7・31メートル）以内であること」と決まっているが、1・84メートルの範囲で、狭い、広いの差が出ることが認められている。世界戦のリングはプロモーターが用意するので国内ではほぼ変わらない。WBSS準決勝、グラスゴーのリングは、少しだけ狭く感じたが、気になるほどでもなかった。逆に米国ロスの「SUPERFLY1」のときは規定サイズのマックスのようだった。

僕が気になるのは広さよりもキャンバスの硬さとロープの張り具合だ。

ボクシングのリングをマットではなくキャンバスと呼ぶのは、薄いマットの上にキャンバスが張ってあるからである。そのマットの素材、キャンバスの張り方にも強弱があり硬い、柔らかいが生まれる。僕の好みはガチガチに硬いキャンバスだ。

僕のボクシングは、ステップイン、ステップバックのステップワークで成り立っているので、キャンバスが柔らかく、マットがずれるとやりづらい。ステップをいくら踏んでも動かないキャンバスが理想。ただステップを使わず、足で踏ん張ってひたすら前へ出て殴りにいくファイタータイプのボクサーは逆に柔らかいキャンバスを好む。

ロープの張り具合もチェックポイント。僕は、ディフェンスの際、ロープにもたれかかって、その緩みを使って相手との距離をずらす。可能な限り緩く張ってあるロープがいい。ロープの張り具合に関してもファイタータイプのボクサーの好みは、ここでも僕とは、まったく逆。ファイタータイプは、相手をロープに張り付けてパンチを打ち込みたいので、緩みがなく硬く張られたコンクリートの壁に似たロープにしておきたいのである。そうすることで、ディフェンスの自由を制限したいのだ。

リングは、主催のプロモーターサイドが用意し、国内の場合はＪＢＣ（日本ボクシングコミッション）と世界タイトルの立会人が確認することになっている。

リングチェックを終えると、一度、会場を出て、近くに確保してもらっているホテルの部屋で休息をとる。たいていの場合、試合開始のゴングは夜。それまで仮眠をとることもあれば一人で時間を潰すこともある。2時間くらい休息を取った後に再び会場へ戻り、戦いのスイッチが入り始めるのはバンテージを巻く時間からだ。椅子を逆にして座り、バンテージ職人の通称〝ニック〟永末貴之さんに約40分の時間をかけて丁寧にバンテージを巻いてもらう。相手陣営が1人、控室に入ってきてグローブをはめるまで立ち合うので、それなりに緊張感が漂う中、拳が戦闘態勢に固まれば、グローブをつけて本格的なウォーミングアップに入る。僕の声とミットの小気味いい音が控室に響き渡るのだ。

ミット打ちが本当の最終調整。準備してきた技術を反復する。

重要なのはディフェンスの目慣らしである。僕たちが〝おうちゃん〟と呼ぶ太田光亮トレーナーに相手のパンチを想定してミットを突き出してもらい、それを外すことを繰り返して眼球を動かす。動体視力のウォーミングアップである。ここでしっかりと眼球を動かしておかなければ、いざリングに上がると緊張がプラスして目の働きが悪くなり相手のパンチの動きに動体視力がついていかない危険性があるのだ。ボクサーにとって目が占める役割は大きい。いわゆる〝当て勘〟と呼ばれる動いている相手にパンチを当てる作業の良し悪しも目の良さが決め手だと言われる。

強い心の作り方

入場テーマ曲が流れると、緊迫感の漂う静寂の控室の廊下から会場に入り花道をリングへ向かって歩く。プロデビュー時は、WHAM!（ワム!）の「FREEDOM」を使用した。デビュー前に、家族でドライブをしていたときに、母が好きでかけていた曲。車の中で、入場曲は何にしようか、という話になったとき、「これでいくよ!」と、ふらっとノリと気分で決めたのはいいが、徐々に「なんか違うなあ」と、違和感を持ち始めていた。ドライブにはほどよいが、試合に挑む気持ちと「FREEDOM」の軽快なアップテンポが合わない。プロ8戦目。オマール・ナルバエスとの試合では、BIGBANG（ビッグバン）の「BIGBANG」に変えた。ラップだ。拳を手術し、1年のブランク明けの再起戦となった9戦目からは、佐藤直紀さん作曲の「Departure」に変えた。壮大さを感じさせる曲調も好きだった。拳の手術をして1年のブランクを作った。Departure（出発）——。それは僕の心境を表すタイトルだとも思った。ボクサーによっては、WBA世界ミドル級王者の村田諒太さんのようにデビュー時から変えない人もいる。この曲を聞いたら井上尚弥だと定着させたいとも思うが、そこも気分。WBSSの決勝では変えてみようかなという思いもチラついている。

ＷＢＳＳでは、リングイン直前にスポットライトの当たるお立ち台の上に立つという演出がある。あのグラスゴーの準決勝の際、僕は、そこで大橋会長に「長いっすね」と語りかけた。「こいつ。初めてくる異国の舞台でも緊張しないのか」と驚かせた。五感が針のように尖っていく、ほどよい緊張感しかなかった。

周りが見えなくなるパニック状態は、「負けたらどうしよう」「どんなパンチを放ってくるのだろう」といった恐怖や不安、ネガティブ要素が原因で起きる。

僕は自然体だった。特別なメンタルコントロール方法を持っているわけではない。自然体と書けば簡単だが、これが難しい。たくさんの人が見ている。その中で殴りあって勝ち負けが決まるのだ。しかし、言い知れぬ魔物や恐怖心に襲われることはない。

「なぜそういうメンタルを作れるのですか？」。よく後輩らから質問を受ける。

それは、父と拓真と共に小さい頃から培い、知らぬ間に形成された性格なのかもしれないが、一番は１００％の準備をして作りあげた自信の存在だろう。

その自信を作れれば、勝負を前に真剣に「楽しみ」だと思える。そこまで練習をした自分が、どこまでやれるのか。己に対する期待である。

過去に自信のないままリングに上がったことはない。それが無敗を守れている理由だ。

2016年9月のWBO世界同級1位だったペッパーンボーン・ゴーキャットジム（タイ）との防衛戦では、試合の3週間前に腰痛に襲われ、スパーができなくなった。

「果たして動けるんだろうか」という不安はあったが、それまで積み重ねてきた練習による自信の貯金があった。

その貯金は直前のアクシデントでなくなるものではなかったのである。

しかし、もし、今、さあ明日試合ですよ？　と言われれば、まったく違う感情に襲われる。

不安で怖い。負けるかもしれない。

自分で納得のいく準備という名の練習を積み重ねることができていないからだ。

自信というものを数値化することはできないのだろう。

ただ、僕の感覚的には、自信というものは、試合が終わると一度リセットされて「スタート」地点に戻る。もう一度「ゼロ」からのやり直しなのである。

走り込み合宿を行い、とことん自分の体を痛めつける。横浜に帰ってからは、スパーリングに入る。大橋会長のサポートで海外から骨のあるパートナーを呼んでもらえる。今回のドネア戦に向けては、先輩の中澤奨さんを倒したフィリピン人、田中恒成選手にアマチュア時代に勝った経験のあるフィリピン人の2人を呼んでもらい、9月に入ってからは、WBA、WBO、WBC世界ライト級王者で「パウンド・フォー・パウンド」1位にランキングされているワシル・ロマチェンコ（ウクライナ）のパートナーとして200ラウンド以上のスパーを積んだ米国のアマチュア界のホープ、ジャフェスリー・ラミドとスパーを重ねた。ロマチェンコは、8月に英国で行われた元オリンピアン、ルーク・キャンベル（英国）との3団体統一戦を前に3人のパートナーを呼んだが、2人が途中で壊れた。一人だけ生き残ったのが、東京五輪で金メダルを狙うラミドだそうだ。週に3日のペースで、合計100ラウンド以上を消化する。毎回、毎ラウンド、細やかなテーマを持って行う。その積み重ねが、自信に変わっていく。技術を磨き上げ、12ラウンドの戦いに動じないフィジカルを鍛えると同時に、強い心を構築していくわけだ。自信のない状態、すなわち準備が不十分なままリングに上がったことは一度もない。それが、「心を強くする方法」かと問われれば、そうなのかもしれない。

勝負アイテムを持つ

ゲンは担がない。だが、道具へのこだわりはある。

コスチュームは、入場も含めてプロとして〝魅せる〟という意味でモチベーションのひとつになっていて、井上尚弥というブランドを確立させるために必要なアイテムだ。裸で、2本の手だけを使って殴り合うボクシングという競技において、身に着ける数少ない道具は勝利のための重要なツールである。

大事な足元を固めるシューズはミズノ製。ボクシングのシューズには、靴紐の穴が12個あるハイカットと、8個のローカットがあり、人それぞれ好みによって違う。レスリングシューズを代用で使っているボクサーもいる。

僕は靴紐の穴が10個のハイカットとローカットのちょうど間の高さのミドルカットを使用している。足首が固定されるタイプだ。ボクサーによっては、そこはルーズにしておいて足首を使いたい人もいるようで、人それぞれの好みに左右されるが、僕は、足首は固定された方がいい。昔から、そのタイプを使っているので慣れていることも、ミドルカットを好んでいる理由だ。

もちろん靴紐は、一番上まで通して締める。靴のサイズは26センチだが、片足ずつ足型をとってフィットさ感が増すように作製しており、若干だが、左足の方が大きいらしい。

足は命だ。

後の章にも書いているが、昨年からの一連の早いラウンドでのＫＯ決着の裏には、足でパンチを打つ感覚をつかめているという進化がある。パンチを打つ際に、足、腰の連動がうまく使えている。ディフェンスの基本もステップワーク。いわゆる、ステップイン、ステップバックが僕のボクシングのベースにある。ゆえに靴裏は、グリッド感の強いウレタン製。ジョギングシューズに見られる溝はなく、ザラザラした質感で平らになっている。


シューズの材質には、エナメル、スウェード、メッシュの3種類がある。それぞれの素材に長短の特徴があり、エナメル素材は、重くて硬い。スパンコールも施してありビジュアル的にはリングで映える。対照的にメッシュは、軽くて足に馴染みやすく動きやすい。機能性は抜群だが、見た目が地味。僕のようにステップワークがカギのボクサーにとって、シューズはできる限り軽い方がいい。おそらく数グラムの違いなのだが、エナメル製や、スパンコールの装飾を縫い付けてあるものは、その分、重たくなる。

ここ一番の試合ではメッシュのシューズを使っている。

マクドネル戦、パヤノ戦、ロドリゲス戦と、この3試合は、すべてメッシュ素材の軽い勝負シューズを使った。逆に精神的に余裕があったスーパーフライ級の防衛戦のほとんどはエナメル製のデザイン重視型のシューズを使ってきた。

足にフィットさせるため、試合の1か月前にはミズノさんに届けてもらうようにお願いをして、練習から新品を下ろして馴らす。ボクサーによっては試合直前に試合用を使い始める人もいるようだが、僕は足に馴染ませて使うタイプだ。

実はロドリゲス戦では、青を基調としたエナメル素材でスパンコールが入ったシューズを使おうとしたが、足に合わず、急遽、マクドネル戦で使ったシューズを引っ張り出してきて使った。もしグラスゴーの戦いで、この数グラム重たいシューズを履いていれば何か戦いに変化があっただろうか。どこかに狂いが生じただろうか。ふと、そんなことを想像することがある。それほど裸で殴り合うボクシング競技においてシューズ機能は重要だ。

シューズの下には靴下を着用し、ふくらはぎには、サポーターを着ける。ふくらはぎサポーターには、加圧することで筋肉を固定して疲労を抑える効果、故障予防効果などがあるとされている。確かにふくらはぎがギュッと締め付けられると落ち着く感がある。だが、そういう機能性よりもビジュアルを重視したというのがサポーター使用の本当の理由。サポーターを着けていなかったときの試合映像を見たときに、ふくらはぎが剥き出しになっているところが絵的に気にいらなかったのである。ふくらはぎが見えていると、トータルのボクサーのスタイルとして美しくなかったのだ。

入場時のガウン、トランクス、シューズ、サポーターをトータルのコスチュームとして捉え、洗練したものにしたいと考えている。ただ強いだけでなく、スタイリッシュさをも兼ね備えたいのだ。美しく強い。それが僕の描く新しい時代のボクサー像である。

そのガウンとトランクスは、デザイナーの方に試合ごとに作成してもらっている特注品。色合いとイメージを伝え、何度かやりとりをして、あとはデザイナーの方にデザインとトータルコーディネートをお任せしている。

グラスゴーのロドリゲス戦のときの色合いのテーマは、「青、金、黒」。それを選んだ理由は特になく「気分」である。そのテーマに従って、ガウン、トランクスをトータルでデザインしてくれるのだ。

トランクスにも重い軽いがあるが試合への影響はない。エナメル素材やスパンコールを縫いつけたものなど派手なものを好む傾向にはある。デザインのこだわりは、膝上までのもの。八重樫さんは、膝がどっぷりと隠れる長めのものが好きだが、これもボクサーによって好みがあり、僕は、足が動きやすいという機能性と共にシンプルなものを採用している。

ロドリゲス戦のトランクスは、青を基調に金、銀をあしらい、すべてスパンコールを縫いつけた手作りだ。トランクスのサイドには、切れ目を入れてある。動くと、そのあたりでチラチラと見えるだけだが、裏地もあり、ロドリゲス戦のものはヒョウ柄の裏地。真っ赤な裏地をつけたこともある。

入場時に着用するガウンは、これまでショートガウンが多く、ほとんどフードは付けていない。2013年8月の田口良一さんとの日本タイトル戦のときは、フードを付けたものを使用していたが、リング上まで花道ではフードをかぶり、それを脱いだ瞬間、髪型がぐちゃぐちゃになったという苦い思い出があり、それ以降は、スタンドカラーのものにしている。

さて今回のWBSS決勝用のガウン、トランクスだが、初めてグレーを基調としたものになった。そのグレー部分は、パイソン柄（蛇柄）となっている。何も蛇のように食らいつくことをテーマにしたわけではないが、エキゾチックで上品で大人のイメージに仕上がっている。

ガウンはロング。これも初めてトライする。しかもフード付きだ。田口戦以来、フード付きは嫌ってきたが、今回のフードは、大きく、ゆったりしたデザインとなっていて、たとえかぶらなくとも、フォルムは、カッコよく仕上がっている。微調整などをしてもらいながら、完成イメージ画像を見せてもらうだけでテンションが上がってくる。

実は、これには、ちょっとした裏話がある。最初、「黒と黄色」を今回のテーマとして伝えていた。まるで阪神タイガースの色合いだが、僕は、その組み合わせが好きなのだ。だが、今回、急ぎで注文したこともあって、たまたま、黒部分が薄くグレーのように見えるイメージ画像が送られてきた。それが直感に響いた。

「これなんですか？」「グレーいいじゃないですか」

デザイナーの方のファインプレー。グレーは見方によっては、まるでシルバーのように映えてガウンをゴージャスに見せてくれる。試合前から始まる、こういう準備の積み重ねも、リングに上がることのワクワク感を喚起することにつながっていく。お気に入りの道具を選ぶ行為そのものがモチベーションのひとつに変わるとは、そういうことだ。

ダメージを軽減するために使用が義務づけられているマウスピースは、歯型をとって歯医者で作る特注品。試合ごとに新品を使い、あまり目立たないが、ガウン、トランクスのコスチュームとカラーを合わせてある。今回のマウスピースは、グレーと黄色が基調だ。そこまでのこだわりはないが、歯医者さん曰く、マウスピースは半年が寿命で、そこでゆるみが出てくるらしい。僕のは意外と長持ちしている。つい先日はスパーで、パヤノ戦で使ったマウスピースを使用した。パンチを打つ際に、マウスピースが痛むほど、強く噛みしめていないのだろうか。自分でも気になって、そこを意識していたことがあるが、答えはわからない。「力みを消す」ことは永遠のテーマである。父には高校生の頃から「リラックス」を口酸っぱく言われてきた。おそらく力みのないボクシングができているときは、歯をそう噛みしめていないのだろう。消耗の少ないマウスピースが何かを物語っているのかもしれない。

そして肝心のグローブだが、僕は日本製の「ウイニング」を使っている。昔は王者側が使用グローブを決定して挑戦者もまったく同じメーカー、同じタイプのものを使用することが義務づけられ公平感が保たれていた。だが、現在は、両陣営の了承の下、それぞれが自分の好みのメーカーのグローブを使用することが可能になっている。

不正な細工を防ぐため、調印式では4セットのグローブが用意され、互いのグローブをチェックした上で、使用グローブを決める。コミッションの立ち合いの下、箱に密閉して封印され、試合当日まで、そのグローブは厳重に保管される。試合当日に開封され、まずバンテージで拳を固めグローブをはめる。

バンテージについては、別章でも詳しく触れたが、ニックさんと呼んでいるバンテージ巻きの職人さんに故障防止を目的とした最強の拳を作ってもらっている。

僕が日本製のグローブを使う理由は、作りが繊細で丁寧だからだ。特に指を入れる内側の縫製が素晴らしく指先のフィット感が増す。ボクシングはパンチを当てる瞬間にグローブ内で拳を握るという作業が大切になるが、要は握りやすいグローブなのである。

練習では、「レイジェス」や「エバーラスト」など、外国製のグローブを試しに使ったこともある。だが、縫製がいい加減で雑。内側の糸が剥き出しになっているものなどもある。

メキシコ製の「レイジェス」は、同じ8オンスでも、あんこの部分が薄く、「パンチを効かせやすい」と言われている。ハードパンチャーが好んで使うが、逆に拳部分が薄いため拳を痛めるリスクもある。

調印式では用意された4セットの中から使用グローブを自由に選ぶ。すべて同じように見えて同じグローブはまずない。プロボクシングでは一番軽い階級のミニマム級からスーパーライト級までは片方8オンス（227グラム）のグローブが使用され、重さは同じだが、一個一個、微妙に作りが違うのだ。僕がグローブを選ぶ基準はフィット感。指先の動きがグローブに伝わるかどうかが重要で、ぐっと奥まではめたときの指先の感触が決め手になる。いかに握りやすいか。一番奥の先部分がうまく作り込まれていて、しっかりと指先を使って拳を握り込めるグローブを選ぶ。ボクシングは、握って殴る。そこが僕にとってはポイントなのだ。

過去のデータは過去でしかない

試合が決まっても事前に対戦相手の映像は細かくは見ない。ボクサーによっては繰り返し映像をチェックして癖や弱点を見つける人もいると聞くが、僕の場合は、本当に、さらっと1、2ラウンドだけを見て終わり。どういうスタイルで、どういう雰囲気で試合をするのか、を大雑把にチェックするだけだ。後は本番。リング上で向かい合った時の感覚、察知力を研ぎ澄ますため、あえていらない情報を排除しておくのだ。

WBSSの準決勝で対戦したIBF世界バンタム級王者、エマヌエル・ロドリゲスの場合、彼が2018年10月に米国フロリダ州オーランドでジェイソン・マロニー（豪州）と対戦したWBSS1回戦の試合を現地に足を運んで見たが、それ以外は、ユーチューブに上がっているダイジェスト版の映像しか見なかった。ただダイジェスト版は、相手をダウンさせたシーンなどのハイライトシーンを集めているので、めちゃくちゃ強く見える。ついつい相手を過大評価しがちになる。

敵の情報はリング上で収集する。

どこで？　いわゆる五感だ。全身からレーダーを照射して相手をロックオンするイメージだろうか。リング上で対峙したとき、どこか一か所に焦点を絞ることはしない。ぼんやりと全体を見る。その中で、相手の目はどこを見ているのか、肩はどう動くのか、呼吸はどうか、足の位置はどこにあるのか、重心はどうなのか、あらゆる情報を一瞬にして、五感で感じ取って収集し、その情報の処理をスーパーコンピューターばりに高速で行う。

特に重要なのが相手との距離だ。

どの距離ならば自分のパンチが的確に当たり逆にどの距離が危険なのか。

この距離はセンチ単位、ミリ単位で知る必要がある。

左手のグローブを、相手の前の手のグローブにポンポンと当てながら、その距離を測る。言ってみれば、昆虫の触角みたいなものだろうか。そこで、あえて相手にパンチを出させてみる。もちろん、ステップワークで外せる距離で、そのテストを行うが、わざとパンチを打たせてガードの上で受けてみるケースもある。相手のパンチを受けることで、スピード、タイミング、そしてパンチの威力を計るのだ。

〝井上レーダー〟と情報処理能力が機能した典型的な試合が、バンタム級へ階級を上げた２０１８年５月のジェイミー・マクドネル戦だった。

7度防衛したスーパーフライ級では、もうモチベーションが保てず行き詰っていた。ＩＢＦ世界スーパーフライ級王者、ジョルウィン・アンカハス（フィリピン）との統一戦計画が流れ、対戦相手次第では出場する気でいた「ＳＵＰＥＲＦＬＹ２」もキャンセルした。減量も限界だった。バンタム級転向は、待ち望んでいた。

近代ボクシング発祥の地、英国は空前のボクシングブーム。マクドネルをプロモートしている「マッチルーム」のエディ・ハーンは、まさかのジャイアントキリングで王座から陥落した元統一ヘビー級王者のアンソニー・ジョシュアとも契約しているやり手で、当初、日本にマクドネルが来ることは考えにくかった。その世界戦が実現したのである。

大橋会長は、「とんでもないオファーを吹っかけてきたけど飲んだ。向こうにしてみればまさか、その条件にこちらが応じるとは思っていなかったんだろう。それと下から階級を上げてきた選手なら勝てると自信を持っていたんだ」と説明してくれた。

絶対に負けられない世界戦だった。

マクドネルは、この時点で33戦29勝（13ＫＯ）２敗１分１無効試合の戦績を持つ、左のジャブを主体とした正統派ボクサー。１７８センチと長身でフィジカルを生かしたボクシングスタイルで、バンタム級のトップファイターの一人である。マクドネルは、スーパーバンタム級への転級を考えるほど減量に苦しんでいた。僕との試合でひと稼ぎしてバンタム級を卒業するつもりだったのだろう。

減量に失敗したマクドネルは壊れていた。
ゴングが鳴ると、最初、遠い距離を取った。マクドネルが先に数発ジャブを放ってきた。それをグローブではたき落とす。そのとき〝井上レーダー〟で感じたのである。軽いジャブを打っているのではなく、体に力が入っていない。見切る、見切らないの段階ではなかった。

当日、控室でマクドネルが体重を12キロも戻してきたという報告を受けた。僕が戻したのが4、5キロである。53・52キロがバンタムにリミットなので、階級で言えば65・5キロにしてきたマクドネルがウェルター級で、僕がスーパーフェザー級。3階級違うのである。そこへの恐怖心はあった。
だが、マクドネルはパンチを打つ際、足に力が入っておらず動きにキレもない。

「行けるのでは」

僕はガードを固めたまま強引に距離を詰めて試しに左のロングフックを思い切り打った。それが頭に当たっただけで、英国人はふらついた。両手を回してバランスを取ってなんとかダウンを免れたというほどのダメージを負った。

「これ行けるでしょう」

それを見て決断した。

力で潰しにいった。

さらにロープに詰めて、左のボディアッパーをレバーへ。英国人はドタッとひっくり返った。こういう展開で、ジャブからついて、慎重に相手の空いているところを打っても意味がない。減量に失敗しているのである。ガードの上からでもいいからビッグパンチでダメージを与えることが必要だと判断した。なおかつ、マクドネルの体の大きさを考慮すれば、ショートのパンチを連打しても、のらりくらりと逃げられる危険性もあった。ここは暴力的な大振りのパンチでいい。

マクドネルは立ち上がってきたが、ロープを背負わせると、左右のフックを上下へフルパワーで振り回した。ガードもせずにだ。たとえ、パンチをもらっても、局面を逆転させるパンチは彼にはないと判断した。しかも、相手にはロープを背負わせている。その体勢で打ったパンチが、どこかにかすったところで深刻なダメージを受けることはない。そこまで計算した上で、あえてラフに攻めたのである。

何発も振り回したビッグパンチのうち左のフックが確実に当たり、右のフックはガードの上からだったが、もうチャンピオンは立っていられなかった。レフェリーが間に入りTKOを宣言した。コンディションを作れなかった相手ゆえの特別な攻撃パターンだった。

これもリング上で瞬時に五感で感じ取って選択した勝利方法である。

この情報の察知能力、処理能力を鍛えるのはスパーリングではない。スパーリングと試合は、まったく別のモノだ。スパーリングでは、14オンスの大きいグローブを使用して、ヘッドギアも装着する。試合では、8オンスのグローブを使い、もちろん、ヘッドギアもない。そこには、数センチ、数ミリの差がある。その微調整は試合でしかできない。

そう考えると、試合を重ねる中で、この分野が磨かれ、どんどん能力が向上して処理時間が速くなっているのかもしれない。それは、キャリアと表現されるものかもしれないが、マニュアルに沿った学習ではなく、あくまでも言葉で説明のつかない感覚の世界なのだ。

五感での察知力、そして情報処理能力……今のところ、すべてがうまくいっている。だが、いつか〝井上レーダー〟の照射が外れることがあるかもしれない。そう思っているからこそ努力に終わりなどないのである。

3R

思考スイッチ

敗けをイメージする

白日夢なのか、妄想なのか……ベッドに横たわり、うとうととまどろむ時間帯に、僕は一種のメンタルトレーニングをしている。それもかなりネガティブなトレーニング。敗北のシーンを想像するのである。

WBSSの準決勝、エマヌエル・ロドリゲスとの試合は、2019年5月18日に、英国スコットランドの人口約58万人の都市、グラスゴーで行われることになり、僕たちは、試合の10日以上前に現地入りした。2017年9月に、米国ロスの「SUPERFLY1」に出場した際、時差修正や最終減量などに結構苦労して決してベストとは言えないコンディションでリングに上がった。その反省のもと現地入りの日程を少し早めた。時差ボケもあったのだろう。最初の1週間は、ほぼ眠れない日が続いた。

振り返ってみれば、グラスゴーでは常に緊張し集中していた。珍しいケースだ。知らない土地での調整。帝拳ジムの協力で現地ジムを貸し切りで室温も自由に調整させてもらうなど、最高の環境を提供してもらったが常に気が張っていた。周囲から見るとピリピリしていたのではないだろうか。日本では、一歩ジムを出ると、緊張は解け自宅に帰れば、妻がいて明波がいる。たとえ試合の10日前でも、ごく自然にリラックスできる時間帯があった。

グラスゴーではコンドミニアムを借りてもらった。一人部屋だが、気が休む時間を作ることはできなかった。そんな中、拓真と浩樹の2人が同行してくれたことに助けられた。3人で買い物にいったり、テレビゲームスイッチで「スマブラ」をしたり、ボクシングを忘れ、リセットする時間を作った。それでも「常に集中していたな」という印象が強い。

普段、あまり見ることがないが、ネットフリックスで「テラスハウス」を見ていた。「連続もので長いからいいだろう」と思ったが、それはそれで眠れなくなった。眠れないが、目を閉じて、ロドリゲスとの試合シーンを頭に浮かべる作業をした。

妄想なのか、白日夢とも呼ばれる夢なのか、その正体は、よくわからないが、僕は、その夢の中でロドリゲスに打ちのめされていた。繰り出すパンチがまったく当たらない。カウンターを仕掛けても先にやられる。次から次へと起こり得る最悪のケースを頭に浮かべた。これは一種のリスク管理なのかもしれない。あらかじめ、頭の中に映像を出して最悪の事態を想定しておけば、実際にリングでそうなったときに慌てない。

こういうイメージトレーニングをし始めたのは、確かスーパーフライ級で防衛を重ねている最中だった。計量が終わって当日まで続けて行うこともある。

一方で負けるシーンだけでなく、気分次第で、「勝つバージョン」もぼんやりと出す。それも何パターンも捻出してみる。それが試合での引き出しにつながったりする。


ただ敗戦シーンを白日夢に重ねるネガティブなイメージトレーニングには問題点もある。相手を過大評価しておくわけだが、実際の試合で、相手がその過大評価をさらに上回っていた場合にどう対処すべきなのかがわからない。まだ一度も、そういうケースに遭遇したことはなく、あくまでも想像、想定の世界だが、今後、想定外の事態はたくさん起こるだろう。そのときに僕は、実力が本物なのかを試されることになる。

実は、父も「試合前に負ける夢を必ず見る」と言う。

僕たちは、最初からすべてが出来上がっている天才でも、負けることなど一切脳裏にない無敵でもないのである。

ひとつのことを考え続けない

「井上尚弥は24時間ボクシングのことを考えている」

そう思われているとしたら大きな誤解だ。

24時間ボクシングのことを考えていては、さすがにメンタルが持たない。

試合には、集中力をマックスまで高め、ずっと緊張の糸を張り詰めて挑んでいる。

アドレナリンが分泌され、脳内に何かしらの神経伝達物質も出ているのだろう。ほとんど殴られていない試合でも、緊張が解け、控室に戻ってきたところから、頭がぼーっとする。帰りの車の中では、アドレナリンがまだ半分体内に残っていて不思議な精神状態に包まれる。試合によっては、そういう「頭がぼーっとする」状態が数日間続く。

心のメンテナンスが必要になるが、何かを意識的に行うことはない。

オンオフをうまく切り替えていくことが心のメンテナンスにつながる。といっても、それも何かルーティンでもあって意識的にオンオフを切り替えているわけではない。あくまでも自然体。ジムへ入ればオン。ジムを出ればオフ。朝のロードワークのため集合場所に集まればオン。解散すればオフといった、ごく自然の流れの中で、それらの切り替えスイッチが作動している。

ボクシングのことを意識的に思考回路から消すこともない。メリハリを考えているわけでもない。ありのままに――というのが井上流である。

昔から映画が好きだ。映画鑑賞もオフタイムの気分転換のひとつ。

「僕の初恋をキミに捧ぐ」。これは今から10年前に妻とのデートで最初に見た漫画が原作の感動恋愛映画。今でも子供を実家に預けて妻と見に行くほど、映画が趣味で、先日、長男の明波を初めて映画館へ連れて行った。「ライオンキング」の実写版。お昼寝の時間にあわせていった。まだ2歳になっていないから、理解して見るのは無理。寝る時間帯に連れていくと運が良ければ、その時間にスヤスヤするだろう、との作戦だった。案の定寝てくれて、僕ら2人は映画に集中できた。もちろん、アニメ版のライオンキングも見た上での実写版。ストーリーは一緒だがライオンがリアルすぎて胸に響いてはこなかったのだが……主人公のシンバが可愛いから許せた。

意外かもしれないが、ディズニー映画のファンである。

僕は、ディズニー大好き人間で、夢の国にも、家族で何度も足を運んでいる。

ディズニーファンになったのは、母の影響である。母がディズニー好きで、生まれたときから家はディズニーグッズであふれていた。ビデオは全部揃っていた。それを小さいときから見ているから自然とディズニーの魅力に取り込まれていった。

米国のロスとオーランドにある本場のディズニーランドにも行ったことがある。いずれもボクシングの行事に便乗したもの。ロスは、確かローマン・ゴンザレス（ニカラグア）対カルロス・クアドラス（メキシコ）のWBC世界スーパーフライ級タイトルマッチの観戦のタイミングで妻と一緒に行った。フロリダのオーランドにあるディズニーランドには、WBO総会のついでに、大橋会長と川崎新田ジムの新田渉世会長と一緒に行った。どう考えてもランドには不似合いなメンバーである。もちろん、むさくるしい男ばかりのメンバーでは、はっちゃけられなかったが、それはそれで忘れられない思い出になった。

歌も好きで、長男の明波が生まれるまでは、よくカラオケボックスに通った。必ず歌う定番はない。選曲は、その日の気分。どんな分野の曲でも幅広く歌え、一緒に行く人たちの年齢層に合わせられる。大好きなC&Kに加え、メンバーが若ければ、EXILEも。メンバーが、親父世代であれば、オザキ（尾崎豊）からハマショー（浜田省吾）まで。その年代年代の歌を歌える。当然、リアルタイムでは知らないが、僕らの世代でも名曲は聞くし覚える。足を使ったアウトボクシングでも、懐に入ってのインファイトでも、あらゆるパターンで攻撃可能といったところか。好きな歌を本格的な趣味にしていこうと、一時、ボイストレーニングに通おうかと考えたこともあった。あったと、過去形なのは、結局は行かなかったからだ。英会話もそう。「勉強しよう」と、実際、家庭教師に習い始めたこともあったが、そこまでのめりこめないままで終わった。プランニングはするけれど行動に移さない。ボクシング以外では、ついつい面倒くさがり屋の一面が顔をのぞかせてしまう。このギャップがあるからこそボクシングに集中できているのかもしれない。自分でも解析不能の性格である。

負けないことより、逃げないこと

挫折は人を強くする。ただし逃げずに向かい合うことを忘れてはならない。僕はアマチュア時代に6敗している。81戦して75勝（48KO、RSC）6敗が成績である。国内で3敗、海外の国際試合で3敗。ロンドン五輪のアジア予選でも敗れ、目標に掲げていた五輪には出場できなかった。

当時、18歳。今振り返ってみると、あのときの覚悟は「何が何でも五輪に行く」ではなく「行けたらいいなあ」くらいの甘いものだった。負けて当然、行けなくて当然である。

五輪のアジア予選では、カザフスタンの長身のサウスポー、ビルジャン・ジャキポフに敗れた。世界選手権の銅メダリストだったが、技術で負けたというよりも僕自身のスタミナ切れだった。体力負けだった。体重は同じでも、こっちは、まだ肉体的に未完成の高校生で、相手は成熟した大人。父の練習メニューをもっと濃密に詰めていれば、その差は克服できたのかもしれなかった。「まだまだやれる」。不完全燃焼だった。やれるのにやらなかった我が身に腹が立った。「もっと追い込めただろう」。自分を問い詰めた。

4年後、リオ五輪に再挑戦するのか、それともプロへ進むのか。人生の大きな転機を前に迷いはなかった。あと4年はあまりに長い。ようやく国際試合での勝ち方がわかりつつあったし、もしリオ五輪を狙うのならば、今度こそ出場できる自信はあった。メダルも取れる。

まだやれる感は、あのアジア予選に負けたときに実感として持った。

だが、リオ五輪で金メダルを獲得したとしても、それは名誉でしかない。その4年間があれば、プロの世界でチャンピオンになれる。そして何より僕のボクシングスタイルもプロ向きだった。父は、すべての決断を18歳の僕に委ねてくれたが、内心は、僕のプロ転向を待っているようだった。

僕は、五輪に出場できなかった理由をプロの世界へ宿題として持っていくことにした。

父に言われて、やらされている練習では勝てない。自分から湧き出る主体性を持ち、自分からやらねば本物にはなれないのである。プロでの敗戦は、アマチュアの負けとは重みが違ってくる。「やらされるのでなくやる」――なのだ。

アマ時代の6つの敗戦の中で挫折と呼べる重たいものがあるとすれば、高校2

年の沖縄インターハイでの敗戦かもしれない。

僕は入学と同時に誰も成し遂げていない「高校8冠」を目標に掲げていた。メディアにも発言した。確か中学の卒業文集にも似た文言を書いていた。五輪出場の「行けたらいいなあ」という中途半端な覚悟ではなく、この目標は、絶対にできる、やれると真剣に考えていた。

高校生の全国大会は、選抜、インターハイ、国体の3つ。選抜大会は3月に開催されるため、3年間ですべてをパーフェクトに優勝したら8冠ということになる。アマチュアボクシングで、そこまで圧倒的に勝つことは簡単ではなく、過去に元2階級制覇王者の粟生隆寛さん、4階級制覇の井岡一翔さんら4人（当時は3人）が達成している6冠が最高記録だった。その記録を更新することは大きなモチベーションだったが、入学以来、インターハイ、国体、選抜と順調に3冠を達成していた僕は、ここで記録がストップするなどとは、ついぞ考えていなかった。

2010年8月の沖縄は火傷しそうなくらいに暑かった。

ベスト8。相手は、西宮香風高校の野邊優作さんという人だった。定時制の4年生で、前年度の王者。過去にスパーリングで対戦したこともあった。印象深い選手ではなかったが、野邊さんのインターハイにかける決意は相当のものだったのだろう。

手数では勝っていた。ダメージは与えたが、ほとんどがガードの上からのパンチでクリーンヒットはなかった。対して野邊さんは戦略的にクリーンヒットを当てることだけに絞ってきた。僕が力んで大振りになる隙に、確実にパンチを当てることを徹底してきた。あとで聞けば、手数よりクリーンヒットのアマチュアのルール改正に応じたボクシングを研究し尽くして僕との試合に備えていたという。

僕たちは、そのあたりのルールの細かい傾向を把握できていなかった。

ロープに張り付けて一方的にパンチを浴びせ続けたところでゴングが鳴った。父は「あと15秒あれば試合は止まっていた」と悔しがった。


判定結果が発表され野邊さんの手が上がった。

プロの試合ならば僕の勝ち。でも、見映え、クリーンヒットの数なら野邊さんだったのかもしれない。

リングを降り、観客席にいる父の姿を探した。顔を見るなり涙があふれた。「ごめんなさい、ごめんなさい」。僕は悔し泣きしながらそう口走った。

父、母、拓真、浩樹……家族みんなの期待を裏切ったと思った。薄っぺらい期待ではない、一緒に8冠という目標に真剣に挑んだ家族へ心からそう思った。みんなの協力を形にして残すのは自分しかいないのだ。なのに……。

「ごめんなさい」という言葉しか見つからなかった。父は、そんな僕に対して怖い顔をしてこう言った。

「堂々としとけ！」

会場の人々すべてが僕の様子を見ていた。

僕は涙をこらえ、会場のトイレへ駆け込んだ。そこで独り……声を上げて泣いた。

その夜にレフェリー、ジャッジの反省会があり、父が7人いたジャッジ一人一人に意見を求めたところ、4人が僕、3人が野邊さんを支持していたという。

父は、すぐにポジティブなプランを持ち掛けた。

「全日本選手権に野邊は出てくるだろうからそこでリベンジしよう」

僕は、8冠という大きな目標がなくなった喪失感で空っぽになった心を埋めるには、それもひとつの手段だと思った。8冠というモチベーションはなくなったが、戦うことに対してのモチベーションは変わってはいなかった。

ボクシングを辞めるわけではない。まだまだ先がある。落ち込んでいても仕方がない。インターハイの次には国体があった。僕は、その秋の国体に優勝した。4冠目である。

すっかりショックから立ち直りかけていたが、さらなるショックに襲われた。その野邊さんが、全日本選手権への出場権を争う地方予選で負けたのである。リベンジを果たすべき舞台が幻に消えてしまったのだ。どこにも、ぶつけようのない腹立たしさ。再び目標を失い、呆然としている僕に、父が言った。

「尚、拓大に行って、野邊とスパーリングをしよう！　そこでリセットだ」

決定権は、父にあった。

考えたことは、すぐに行動に移すのが父である。

野邊さんが進学していた拓大のボクシング部の鈴木コーチに電話を入れ、スパーリングの約束を取り付けた。

大学だけでなく、どこのジムでも、僕がスパーリングに出向くことに対してウエルカムの姿勢だった。「刺激になるから来てくれ」。高校2年の段階で3冠を果たし、全日本選手権や国際試合にも出場している。

「道場破り」

このときは、そういう覚悟だった。

拓大は、以前に訪れたことのある大学だったが、この日は、一歩、ボクシング場に足を踏み入れると、まるで空気が違っていた。殺気立っていた。「高校生になめられてたまるか。ただでは帰さないぞ」。そんな無言の圧力が充満していた。

僕らは、父と、拓真、浩樹、そして記録係としてビデオを回す母の井上家5人で乗り込んだ。のちに、この拓大のボクシング部に浩樹が入学することになる。何かの縁もあったのだろう。

スパーリングは真剣勝負の3ラウンドだった。

技術やテクニックではなく、力任せに暴力的なボクシングをした。

「スパーリングでも倒しにいけ」

それが井上家のルールでもあった。

ダウンシーンはなかったが、僕が圧倒した。どちらが勝ったかは、拳を交えた2人だけにわかるものである。

僕は、父がセッティングしてくれた、このスパーリングのおかげで、沖縄の夏から心のどこかでひっかかっていた挫折感から自己を解放することができた。

敗戦がイコール挫折というものであるとすれば、まずは敗因をつきとめる。足りないものは何かを自己に問うのだ。一歩立ち止まって考えること。そこから逃げずに結果を真正面から受け止めて、次に前へ進むための手段を考えることが大事なのだ。何が足りないかを考えて、自分に継ぎ足していく。間違いなく僕の練習に対する熱は上がった。

スパーでリベンジ戦を戦ったのは、かなり強引な手法だったが、今のボクシング人生にもつながる大切な何かを学んだ。僕は、アマ史上初となる高校7冠を達成することになった。パーフェクトから、ひとつ抜け落ちた7冠だったが、僕にとっては意義のある7冠となった。

較べることに意味は無い

他人に興味がない。テレビ局などから「誰か興味のある人はいますか？」「会いたい人がいれば対談企画をしたいのですが？」とオファーをいただく機会が少なくないが、失礼ながらすべての企画を断っている。何かを聞かれれば答えられるが、他人に興味がないので、対談方式の企画になってしまうと自分から聞くことが頭に浮かばないのだ。

昨年オフに、メジャーリーグで二刀流として大活躍をされたエンゼルスの大谷翔平選手とプロスポーツ大賞の表彰式で会う機会があった。控室で一緒になって、試合のことを色々と聞いてくれて、「今度、日本でもアメリカでも機会があれば試合を見に行きたいです」とも仰っていただいた。

「是非見に来てくださいね！」

僕は、そう答えたが、野球をほとんど知らないため、こちらから質問を投げかけることはできなかった。同じ日本人として、メジャーリーグという世界のトップが集まる場所で、二刀流という誰も成し遂げていないことをやってのけた大谷選手は偉大だしリスペクトしている。だが、その大谷選手にさえ、僕の好奇心の針は動かなかった。相当なものだろう。

僕は、そんな自分の性格が嫌いではない。子供の頃からボクシングテクニックの部分、部分を参考にしている人はいるが、誰か特定の世界チャンピオンに熱を入れたわけでもなければ、目標にしたわけでもない。そういう僕のバックボーンも「他人に興味を持てない」性格形成につながったのかもしれない。

人は人。自分は自分。

「他人と比較する必要はないんだよ。他人を羨むんじゃないよ」

それが父の教えだった。

ボクシングの書籍に付き物のハングリーな物語は僕には存在しない。父は、「人を羨むな」と、口を酸っぱくして言っていたので、僕の子供の頃の生活が、中流なのか、世の中のどこにあてはまるかにもまったく興味はない。ただ何不自由なく、幼少期から中学、高校、プロへ入るまでを過ごした。人生に苦労はしていない。好きなボクシングに専念できてきた。

繰り返すが、僕のポリシーは、「リング上のパフォーマンスがすべて」。そこに付随する物語の必要性はプロとして感じない。人生の苦労などない方がいいに決まっている。

井上尚弥のストーリーは、その足跡の後ろにできればいいのである。

しかし、ハングリーを知らないボクサーの話を綴るとき、改めて両親への感謝の気持ちが溢れてくる。

父は、人一倍苦労をした。小学生の頃、ギャンブルが原因で両親が離婚。祖母の家に身を寄せ、トラック運転手をして家計を支えた母一人に育てられた父は、高校にいかなかった。勉強嫌いだったというが、少しでも母に負担をかけまいと、すぐに塗装業の親方に弟子入りして働き始めた。父は、「オレの人生はゼロではなくマイナスからスタートだよ」と、笑い飛ばすが、こうも言った。

「母子家庭だったけど、辛いと思ったことは一度もない。人の家を見て、父がいていいな、なんて羨むことが好きじゃなかった。お小遣いが欲しければ、買いたいものがあれば自分で働けばいい。そう思って中学からバイトしたんだ」

途中やんちゃをして道を外れかけたこともあったらしい。だが、母と結婚。人の倍働いて仕事を覚え、20歳で独立。「明るく成りあがる」の思いを社名にこめて明成塗装を立ち上げた。当時は、バブルが弾けた経済状況で、母の両親からは反対されたが、信念を貫き、コツコツとした努力と誠実さで、顧客や関係会社の信頼を勝ち取り、会社を成功させた。

4畳半と6畳。父曰く、「雨戸を閉めても風が吹くとカーテンがヒューヒュー泣いた」という借家暮らしで新婚生活が始まり、僕も拓真も生まれた。そこでお金を貯め、マンションに移り、29歳のときに一軒家を建てた。母や僕たちに苦労はさせまいという男の責任感。僕たちには人生をマイナスからスタートさせたくなかったのだ。

子供の頃は、父の苦労を一切、感じなかった。おそらく父は、僕たちに心配させないように気を使っていたのだろう。

ロンドン五輪を目指すアジア予選がカザフスタンで行われたとき、父は、大嫌いな飛行機に乗って現地まで僕をサポートに来てくれた。だが、このとき会社で金銭トラブルが発生していた。トレーナーに専念するため、会社の運営を任せていた〝番頭さん〟が、塗装の材料などを勝手に売り飛ばし、あずかり知らない請求書が山のように舞い込んだというのだ。国際電話で日本と頻繁にやりとりをしていたそうだが、僕は一切、そのことに気がつかなかった。勝負の試合を控えた僕にわからないようにしていたのである。僕は、ずいぶんと後になってから、そのことを知ることになった。

親心を知って泣けてきた。もし自分が同じ立場になったとき同じ行動ができるのだろうか。自問してもイエスという答えは出てこない。父は、「自分がやっている仕事の責任はすべて自分が負う。家族は関係ない。自分で好きなことをやって家族を心配させることは間違っている」と言う。

父がトレーナーと仕事の両立が難しくなり「明成塗装」を閉めるという話が出たことがあって、僕も拓真も猛反対した。父が、苦労して20歳で独立し興した会社を、自分たちのボクシングのために閉めることがひっかかった。それなりの覚悟があっての決断だったと思うが、黙って見過ごすことができなかった。

「仕事の責任はすべて自分」という父にすれば、僕たちの反対は、きっと聞き入れられないものだったのかもしれない。けれど「わかった」と納得してくれた。父は、今でもトレーナーとの兼業で会社を存続させている。

父が貫いている男としての自己完結の責任論。僕も父の考え方に感化されている。ゆえに「人を羨む」ことはしないし「ボクサー井上尚弥」の責任を他人に押し付けることもしない。僕が、プロデビューしたときからベルトラインに「明成塗装」と一般の方々からすれば、見慣れぬ名前を入れている理由は、僕に素晴らしい人生の道を示してくれた両親へのささやかな感謝の気持ちなのである。

すべてはプラスに転ずる

右拳には2つの傷跡が残っている。正確に言えば、手の甲。中指の拳から手首に向かって伸びている骨の上に4、5センチの細い傷がひとつ。そのすぐ隣に同じように2センチほどの縦にケロイド状の線になった傷がもうひとつ。誇れる男の勲章などではない。どちらも手術跡だ。そして、その奥には骨をつなぐチタン製のボルトが埋められている。もう痛みなどない傷跡は、日焼けした肌に隠れ、日ごとに薄くなっているが、消えることはない。悩みぬいた末、拳にメスを入れて4年になる。

ハードパンチャーの宿命が拳の怪我である。何百キロというパンチの衝撃に拳を支えている骨が耐えきれずに折れる、或いは、ひびがいくなどの異常が発生する。アマチュアの大きなグローブだと、拳が保護されるため、パンチ力も伝えにくいが、拳も痛めにくい。だが、プロの8オンスの薄いグローブになると、相手に強烈なダメージを与えることができると同時に自らの拳にも同等の代償を受けるというリスクを背負う。

プロデビュー戦で、初めて小さな8オンスのグローブをつけたとき、「これは殴っても殴られてもやばい」と、ゾクッとする寒気を覚えた。

特に体の硬い部位。頭やおでこといった骨と皮しかない硬い場所を殴ってしまったとき、そのダメージは顕著だ。

最初に拳を痛めたのが、プロ3戦目のノンタイトル戦、佐野友樹選手との試合だった。3回に右ストレートで相手の頭蓋骨を殴って痛めた。以降のラウンドは、左手1本の戦いを強いられ10ラウンドTKOにまとめた。それ以降も試合の度になんらかの傷を負ってきた。そして、ついに骨折という最悪の事態へ発展したのが、2014年の年末に行われたオマール・ナルバエスとのWBO世界スーパーフライ級タイトル戦だった。

開始30秒。内側から打ち込むように角度を修正していたストレートを続けて2発ナルバエスの顔面に放った。ガードの上からでも恐怖を与えるのが目的だった。その2発目が、頭を下げてきたナルバエスのおでこ部分を直撃することになった。試合用の8オンスのグローブの拳付近のクッションは、分厚いようで薄い。肉のないおでこや頭を殴るのは、まるでヘルメットを殴っているようなもの。

その瞬間、拳から肩のあたりまでビリッと電気が走った。人指し指の付け根にある大きな拳を支えている右手の中手骨と呼ばれる部分が、ボキッと折れたのだ。

正確に言うと、この中手骨の中間地点にある関節が開き、脱臼状態になったのである。

ナルバエスは、後ずさりするかのようによろけて腰から落ちた。だが、僕も致命的な怪我を負った。

この試合は特別な試合だった。

プロ8戦目の2階級制覇。2016年にプロ7戦目で達成したワシル・ロマチャンコに抜かれるまで、これが世界最速記録だった。そして階級を上げての初のスーパーフライ級での試合。しかも、相手は12年間無敗の名王者である。緊張と興奮で、全身にアドレナリンが分泌されているため、その場に、うずくまるまでの痛みではないが、激痛であることに変わりはなかった。だが、僕は、そこから追撃の右のパンチを繰り出していた。

今、あの衝撃を拳に感じたら、ためらい、長いラウンドでの勝負を考えて、痛めた右の拳で追撃のパンチを打つことなどできないだろう。骨がパックリと折れているのである。それでも追撃できたのは後先を考えない怖いもの知らずの若さゆえ。サウスポーに対してノーモーションの右が有効だったから、なおさら打たなければならないと必死だったのかもしれない。

左フックは、テンプルをかすったか、かすらなかったか、というタイミングのパンチだったが、ナルバエスは、バタバタと2度目のダウン。元統一ヘビー級王者のマイク・タイソン（米国）が、全盛期に空気パンチと揶揄された強烈なフックで相手を倒したことがあったが、最初のダウンのダメージも残っていたのだろう。しかし、僕の右は、もう殺戮の機能を失いつつあり、フィニッシュまではもっていけなかった。


2ラウンドに早期決着を仕掛けるしかなかった。

ドネアのタイミングにヒントをもらったカウンターの左フックでダウンを奪い、そして最後も右ではなく左のボディブロー。上に餌をまいておいて、空いたボディを狙った。別章にも書いたが、その前にえぐった左ボディで、ナルバエスの動きが読めたのである。

キャンバスに正座したナルバエスは苦悶の表情を浮かべ、もう立とうとはしなかった。このラウンド、右のパンチは患部に刺激を与えないようにオープン気味に角度を変えながら使ったが、試合がズルズルと長引けば、片腕で料理できる相手ではなかった。

リング上での表彰式。僕は右手に力が入らず大きなトロフィーを持てなかった。プロアマ通算159戦の膨大なキャリアにおいて、KO負けどころか、ダウンさえ一度も経験のないナルバエス陣営は、「拳に何か異物を入れているんじゃないか」と、リング上でクレームをつけてきた。その場でグローブを外し、拳を確認させたら、そのトレーナーは、「問題はない。君はグレートだ。君には大きな未来が待っているだろう」と最大級の賛辞をくれた。

控室に戻りバンテージをハサミで切って外す。右の甲部分がぽっくりとコブ状になって腫れていた。ここがこんな風に腫れるのは初めての経験で、それが尋常ではない怪我であることがわかった。翌日、病院に行ったが、専門医でないと、レントゲンでは判別できない怪我だった。骨折ではなく、一種の脱臼で2本でつながっている骨の真ん中が、ポキッと脱臼し、そこが腫れあがっていた。もちろん自然治癒する怪我で日常生活には支障はない。しかし、職業がボクサーとなると話は別。パンチを打つと、その箇所が、衝撃に耐えきれず、また脱臼状態になるという危険性があった。いつ爆発するかわからない時限爆弾をグローブの中に仕込んであるようなものである。

手術で補強することが最善の策ではあった。そうなると長期の休養が必要になる。僕はブランクを作らずに、すぐに次の初防衛戦に進みたかった。休むことよりもリングに立ちたいという欲求が勝っていた。ナルバエス戦は、内容で言えば、完全なワンサイド。大きな自信になった。試合までの準備段階の練習にも納得していた。一皮むけた確信が自分の中に芽生え、減量苦から解放されたスーパーフライ級では気力が充実していた。

人々の記憶が新しいうちに、さらに印象的な強さをそこに上書きしたかったし、1年のブランクはもったいないと思った。進化するのは〝今〟と考えていたのである。

5月に初防衛戦の予定が組まれ、実際、1月、2月と、時間が経過すると共に痛みも和らいでいた。「騙し騙しやろうか」とも考え心は揺れた。迷いに迷った。3月になり、5月の試合の最終アンサーを出すリミットが迫っていた。僕は、同じく拳の手術を経験している当時WBA世界スーパーフェザー級王者だった内山高志さんに相談してみた。別章にも書いたが、他人に興味は持たず、「相談」や「頼る」ということをしてこなかった僕にしては珍しい行動。結論を出せずよほど精神的に追い込まれていたのだろう。

実は、ナルバエス戦の翌日の大晦日に防衛戦を行った内山さんの控室へ挨拶に訪れていた。そこで内山さんの拳の手術を担当した専門医で、内山さんのセコンドにもカットマンとして入っていた飯島譲先生を紹介していただき「痛いんです」と簡単に診てもらっていた。

内山さんは、「悩んでいる場合じゃない。今、すぐに手術をした方がいい」と、背中を押してくれた。拳の怪我に苦悩してきたハードパンチャーの内山さんゆえの一発回答。

僕の悩みは、その内山さんのひとことで吹っ切れた。すぐに大橋会長に連絡を入れて手術を行いたいことと、5月の試合をキャンセルしたい意向を伝えた。飯島先生にも連絡を取って手術の決行を決めた。

拳の手術は、局部麻酔と、軽い全身麻酔によって行われた。勇ましいボクサーの中には、子供みたいに「注射が苦手」という人もいる。「痛い」と聞かされていた局部麻酔は不安だったが、全身麻酔なので寝ている間に手術は終わっていた。それでも3日間、入院した。

手術は、脱臼箇所をチタンのボルトで固定して強化するもの。補強箇所が固まれば、数か月後に、もう一度、横にメスを入れて、そのボルトを固定していたピンだけを除去する。大小2つの手術跡が拳に残っている理由は、そういうことだ。完治まで約9か月。のちに拓真も、まったく同じ手術をして、約9か月後に再起の舞台に立ったから、それが、この手術の標準的な完治期間なのだろう。

9か月間のブランクは逆境という時間ではなかった。

手術を決断したのだ。あきらめるしかない。気分転換で、友達とも遊び、一時期ボクシングをシャットアウトした。何も考えないようにしていた。へこんで考えこんでも仕方がない。悩んで何かが変わるわけではない。与えられた状況を受け入れるしかないのだ。

何があっても落ち込まないというのが井上尚弥の流儀。

「悩む暇があれば、今、何をできるかを考えてやれ！」という考え方だ。

走ることはできる。ステップワークもできる。右手は無理でも左手は使える。

小さい頃からそうだった。ネガティブに捉え、自分を追い込むと、試合で最高レベルのパフォーマンスが出ない。「なんとかなる」「なんとかする」でいい。井上家に沖縄の血は入っていないはずだが、「なんくるナイサー」の精神である。それは気持ちの「切り替え」、つまり「勝ちスイッチ」とも言えるのかもしれない。向き不向きで言うなら、心理的側面の多いボクシングという競技に向いている性格である。

出会いは強さを左右する

1年のブランクを経ての再起戦が初防衛戦となった。強度が増し不安の消えた拳は、「ウォーズ・勝又」の名で日本ジムに所属していたこともある1位のワルリト・パレナス（フィリピン）を破壊した。ガードの上から打ち抜いた右ストレートで倒れたのである。パレナスはグローブで顔をブロックしていたが、そのガード越しに衝撃波が脳まで達したのだ。ボクシングメディアの方々は、「ミドル級やヘビー級では、ごくまれにあるが、軽量級では見たことがない。異次元のパンチ」と、賛辞を贈ってくれた。

大橋会長に言わせると、あのミニマム級で、無敵の時代を築いたリカルド・ロペス（メキシコ）がそっくりのKOシーンを演じたことがあるという。

だが、僕は続く5月のダビド・カルモナ（メキシコ）とのV2戦でまたしても右の拳を痛め、ずるずると12ラウンドの判定にもつれこむ失態を演じた。2ラウンドにこめかみ付近を打った際に鈍痛が走った。骨折箇所には問題はなく、いうならば、拳の酷い打撲だった。しかも、最悪だったのは、6ラウンドに頼りの左手まで痛めたこと。右手がなくても左手がある。どんな危機に追い込まれても、頭を使い発想を転換してきた僕だが、さすがに両拳を使えないとなると手の施しようがない。

その悩みを解消してくれたのは大橋会長だった。

「バンテージにの巻き方に問題があるのかもしれん。知り合いに職人がいるので一度試してみるか？」と、バンテージ職人である、ニックさんこと、永末貴之さんを見つけてきてくださったのである。ニックさんは、格闘技界で、パーソナルトレーナーとして活躍される傍ら、総合格闘技「ＵＦＣ」などのカットマンとして有名になったジェイコブ・スティッチ・デュラン氏のテクニックを学びながら、バンテージ職人としての立場を確立。当時、三迫ジムの選手を担当するなどボクシング界にも進出しており、大橋会長が、その情報を聞きつけて呼んでくださったのだ。

ニックさんのバンテージは、まさに職人が作る芸術品。これまでは、バンテージも1本使いの、昔ながらの巻き方で、拳の保護という観点が欠けていた。ＪＢＣのルールでは、ＪＢＣ認定の柔らかい布製のものと、それを固定するために粘着性テープの使用が認められている。ニックさんは、この粘着テープを上手く使い（ナックル部分には使えない）、隙間なく拳を固めていき、空気を入れない。

拳と手首をつなぐ骨1本、1本の向きに合わせて縦にテープで補強していき、衝撃にも微動だにしないように仕上げていく。骨の向きや、拳の当たる場所など、すべてを計算して、どうすれば、より固定されるかのすべてを熟知している。まるで石や鉛の塊みたいな凶器として拳を固めるのではなく、手全体がすっぽりと保護されているというイメージなのだ。

2016年9月のペッパーンボーン・ゴーキャットジムとの3度目の防衛戦から、まずお試しで巻いてもらった。実は、この試合では、まだ、ニックさんも僕の拳の状態を完璧には把握できておらず、拳部分の厚みが薄かったせいか、また試合途中に右拳を痛めた。途中から、ほぼ左手1本だけの展開になり試合は、10ラウンドまでもつれることになった。

別章でも説明したが、僕はコーナーから立ち上がれないほどの腰痛という問題も抱えていた。二重苦を乗り越えたわけだが、以前よりは拳の痛みの程度は弱かった。この時点ではまだ不完全だったが、ニックさんのバンテージ効果はあったのだ。

2016年の年末の河野公平さんとのV4戦でも続けて巻いてもらい、以降、ここまで7戦、拳のトラブルとは無縁になった。ニックさんの巻き方は、毎回、違う。そのとき、そのときの拳のコンディションに合わせてくれるのだ。ただバンテージを外すと、机の上に立つほど、多くの量を使って固めるので、その分、重たく感じる。

「拳を保護することを最優先にできるだけ軽くして欲しい」が、僕のリクエスト。職人のニックさんを悩ませる注文をつけているが、躊躇することなく、思い切りパンチを打ち込むことができるようになったのはニックさんのバンテージのおかげだろう。大橋会長の気配りと、人との出会いに感謝である。

4R

肉体スイッチ

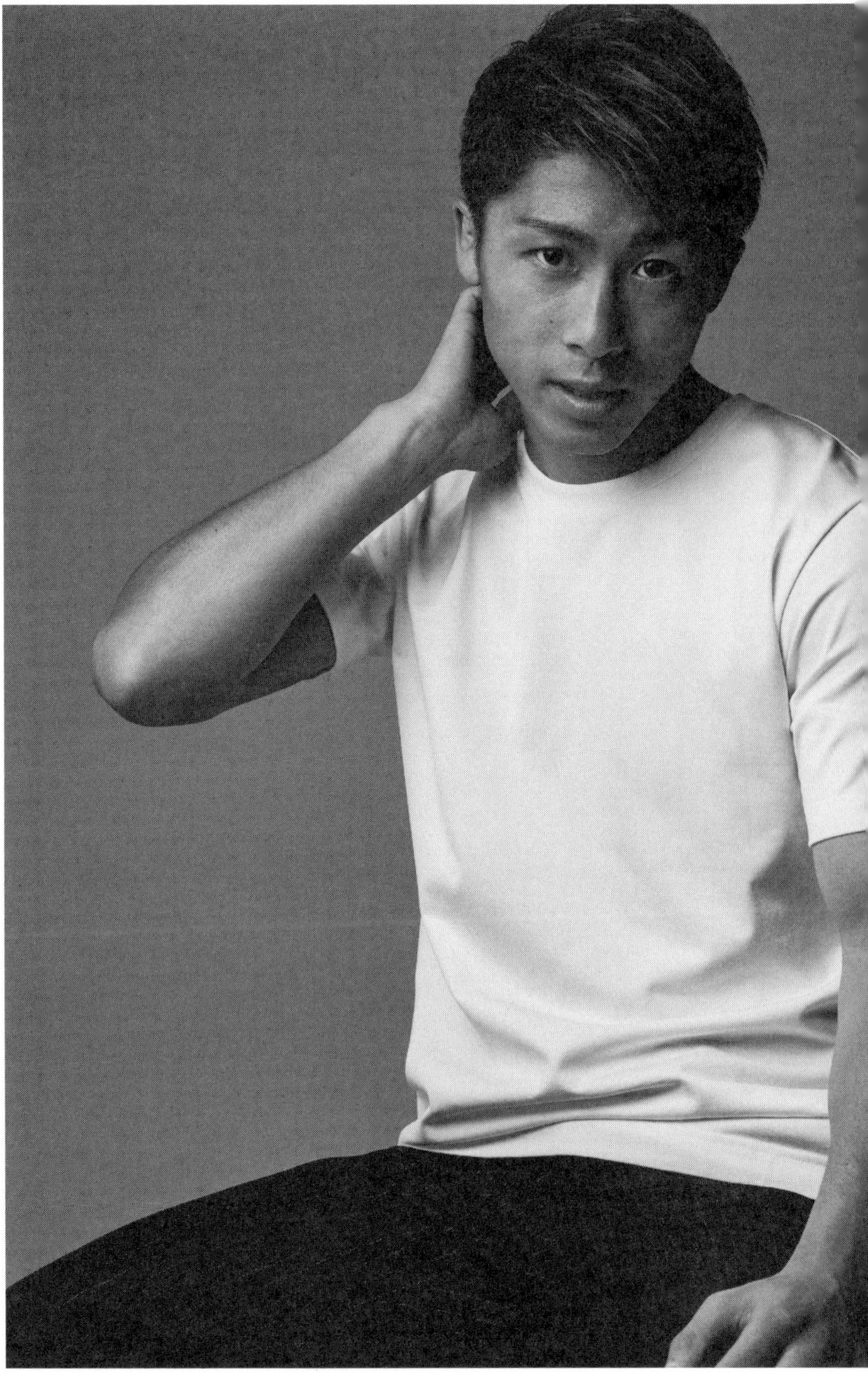

減量との戦い

減量はボクサーにとって避けて通れない仕事である。ミニマム級からヘビー級まで17階級に分かれているプロボクシングにおいて、試合前日の計量までに規定体重を作れないボクサーはプロを名乗れない。

試合が決まると減量の2文字が頭のどこかにインプットされ、1か月前を境に本格的な減量期間へと突入する。僕は、その日を大好きな焼き肉の「食い納めの日」に設定。拓真、浩樹らと、腹一杯に肉をほおばり、翌日からは、バッタリではないが、〝焼肉断ち〟に入り前日計量まで節制生活を続けることになる。

僕のバンタム級転向後の早期ＫＯ連発を「減量からの解放」と結びつけるボクシングジャーナリズムの論調がある。確かにせっかくの筋肉やトレーニングで積み重ねたものを減量で削り取ってしまっていた時代があった。

試合に向けての調整、準備の99％を減量が占めるという苦しい時代。通常体重60キロからリミットの48・97キロまで落とさねばならなかった２０１２年10月のプロデビュー戦から２０１４年９月のＷＢＣ世界ライトフライ級王座の初防衛戦までのライトフライ級時代だ。

ボクシングの減量方法には、ジェイミー・マクドネルが行った直前に急激に汗を出して水分を落とす〝水抜き〟や、計画的に徐々に落としていく減量など様々な手法がある。僕のライトフライ級時代の減量方法は、計量前に絶食するという無茶なものだった。2、3日、何も食べないのだから、当然、体重は落ちる。だが、リングでベストのパフォーマンスを発揮するには褒められた手法ではない。命を削る減量方法である。

2014年4月。プロ6戦目で初の世界挑戦を迎えたときの減量は、計量2日前でリミットの48・97キロに1・9キロオーバーだった。1か月前から減量に入ったが、軽い脱水状態が続いていた。ここから試合前日の計量日までの2日間は、基礎代謝だけに頼り絶食で落とした。何も食べない、何も飲まないのだ。口の渇きは、うがいで我慢する。試合3日前の練習が終わった、その夜から絶食に入る。一晩寝て、朝起きると3、400グラム落ちている。人間は、何もせずとも細胞分裂が行われるため、自然に基礎代謝が起き、汗などで体重が落ちる肉体のメカニズムになっている。

その日は、一日、何もしない。実家の自室に籠るのだ。テレビを見たり、ゲームをしたりしながらソファやベッドでぼーっとして時間が過ぎるのを待つ。大好きな映画でも見れば、少しでも気が紛れ時間が早く過ぎるのでないか、とトライしたこともあるが、脳が活動するための糖分なども一切摂取していないため、脳が働かず集中力が出ない。まったく頭にストーリーが入ってこないのだ。かといって何かをする元気もない。入院患者のように一日を過ごした。

すると、その間に基礎代謝が進み、夜に体重計に乗ると600グラムは落ちていた。これで残り1キロである。もう一晩、寝て、朝起きると、さらに300グラム減で、あと700グラム……。ゴールが見えてきたが、ここまでくると、基礎代謝による体重の落ち方もスローになってくる。2日目も、日中、何もせずに過ごして落ちるのが500グラム程度だ。

それでも寝る前に体重計に乗ると、リミットまで残り200グラムにまで迫っていた。そして、最後の一晩を寝て、朝、目を覚ますと最後の200グラムが落ちていた。落ちるとは信じていたが、体重計の目盛りを確認すると、全身の力が抜けるほどの安堵感に包まれた。

だが、丸2日の絶食である。過酷を通り越して地獄だった。

計量は、たいてい午後13時くらいに設定されているため、そこまでに50グラムから、100グラムほど落ちることがある。こういうときは、その浮いた分だけの水分や食べ物を口にできる。絶食中も、あまりに苦しいときは、体重計に乗りグラム数を計算しながら「50グラムなら大丈夫」と母にグレープフルーツを剥いてもらったこともあった。

世界初挑戦となったWBC世界ライトフライ級王者、アドリアン・エルナンデス（メキシコ）とのタイトル戦では、試合の途中に足がつった。緊張もあったが、減量によるミネラル不足が原因だったと思う。この試合前には、インフルエンザにもかかり、さらに最終調整が難しかった。限界を超えた減量により抵抗力が落ちてしまっていたことも、インフルエンザのウイルスに抵抗できなかった理由かもしれなかった。

父が大橋会長と話し合って「長いラウンドは持たない。もうここで勝負だ！」と6ラウンドにゴー指令が出た。打ち下ろす右ストレートでキャンバスに這わせたが、足が思うように動いていなかった。負けることはなかっただろうが、ズルズルと試合が長引けばKOシーンをファンにお見せすることはできなかったかもしれない。

世界挑戦の際、ライトフライ級で世界ランキングに入ったという事情もある。だが、今振り返ってみると、最初からフライ級からスタートすれば良かったという悔いはある。無理な減量を行う必要はなかった。

ライトフライ級での減量の限界を大橋会長も察知してくれていた。世界タイトルを取った直後から、「もう無理だな。上げよう」と言ってくれた。大橋会長はライトフライ級からミニマム級に地獄の減量を経て階級を落とし世界を獲った経験がある。常日ごろからスパーリングを見てくれている大橋会長からすれば、減量にすべてを奪い取られ、リング上の井上尚弥は、本来の力の半分にも満たないということらしい。僕自身も限界だと思っていた。

だが、チャンピオンには防衛戦という義務がある。ライトフライ級の卒業試合のつもりでタイのサマートレック・ゴーキャットジムとの初防衛戦を選んだ。減量は比較的うまくいったが、もう限界だった。試合の中盤に2度ダウンを奪いながら、途中、拳を痛めたこともあり、仕留めるまで11ラウンドもかかってしまった。大橋会長は、試合後、転級をメディアに発表した。

初防衛戦を終えると、すぐにひとつ階級を上げて、2014年の年末にフライ級での世界戦挑戦が水面下で進んだ。当初、アルゼンチンのWBA世界フライ級王者、ファン・カルロス・レベコがターゲットだった。初防衛戦のメインでは、WBC世界フライ級王者だった八重樫さんが代々木体育館のファンを総立ちにさせた大激闘の末、〝ロマゴン〟ことローマン・ゴンザレス（ニカラグア）に壮絶なTKO負けを喫していた。ロマゴンは当時無敗で軽量級最強と呼ばれていた。ゆくゆくは、このフライ級でのロマゴン戦も頭にあった。

だが、レベコの試合が10月末に予定されており、しかも腕に怪我を負っていて、その試合をできるかどうかも未確定。2013年2月に来日して、黒田雅之選手に判定勝利していたテクニシャンのレベコとの試合は宙に浮いた。魑魅魍魎のボクシングビジネスの世界では、しばしば運命としか思えないチャンスに巡り合えることがある。たまたまレベコと名王者、オマール・ナルバエスのマネージャーが同じで、高額オファーにも応じる日本人との試合を何としても組みたかったのだろう。プロキャリアが7戦しかない僕ならば、経験でさばけると考えていたのだとも思う。「レベコは無理だが、スーパーフライ級のナルバエスならやれる」と、逆オファーしてきたのである。父を通じて、その話を聞いた僕に躊躇などなかった。フライ級でさえ、まだ減量が苦しい。2階級上なら、思う存分力を発揮できるし、しかも、相手が無敗の11度防衛中の名王者なら最高の好敵手である。

最近になって、大橋会長は「フライ級でなんとしても1試合組んでおけばよかった。ひとつ飛ばしていなかったらマニー・パッキャオ（フィリピン）に並ぶ6階級制覇が可能だったのに悔いが残る」という話をしてくれるが、感謝こそあれ後悔などない。

ナルバエス戦は、最高のマッチメークになったし、そもそも何階級制覇という記録には、それほどの興味はない。記録だけがボクサーの評価ではない。ファンが見ているのはパフォーマンス。記録より記憶。1試合、1試合がどれだけ人々の心に刻まれるか、語り継がれる試合にできるか、が重要なのだ。

ライトフライ級のリミット、48・97キロから、52・16キロに3キロほどリミットの上がったスーパーフライ級では力がみなぎっていた。

ただ、このときも「プラス3キロ」に余裕を持ちすぎて、結局、最後は、1日だけ同じように絶食した。ただライトフライ級時代と違い、エネルギーが残っている中での絶食だったので1日くらい飲まず食わずでも何ともなかった。

現在のバンタム級のリミットは、さらに上がって53・52キロ。通常体重も62キロくらいに増えているが、試合が決まるとまず60キロにしてから準備をスタートするので、実質6・5キロ程度。ライトフライ級時代に比べれば天と地ほど楽になった。

1か月前から本格減量に入り、プラス5キロを維持しておき、1週間前で残り3キロにするのが目安だ。食事量を調整すれば練習によって体重は落ちる。僕は〝水抜き〟と呼ばれる直前にサウナや風呂などで、汗だけで一気に2、3キロ落とす手法は使っていない。

普段、練習ノートをつけることなどしていない面倒くさがりの僕が、体重についてだけは、毎日、メモしている。どの段階で何キロだったかを記録しておくことが、次の減量に向けての指標になるからだ。グラスゴーでは、通常よりペースを上げ早めに落として現地入りした。米国での試合で空気が乾燥して汗が出なかった経験があったからだ。10日前に入ったが、その時点で、もう残り1・7キロオーバーだった。

メディアには、公開スパーなどで必ず「今の体重は？」と質問される。WBSSの準決勝、ロドリゲス戦前には、「言いたくない」と答えなかった。

基本的に体重は公表したくない。

減量に苦しんでいる姿を見せたくないわけではなく、相手陣営にひとつでも情報を与えたくないのである。苦しいのか？ 逆に楽なのか？ ボクシングは心理戦でもあるから、そういう小さな情報が勝敗を左右するかもしれないのだ。

プロであるための仕事として練習と減量はセットだ。ボクシングだけに限らず体重制限のあるスポーツで減量は当たり前のこと。当たり前のことを当たり前にやる。それが減量に対するスタンスだが、コンディション作りという意味では、減量はクリアしなければならない大きな壁でもある。最高の状態でリングに上がるには、減量とリカバリーの成功が非常に重要な役割を占める。試合への準備期間が3か月あるとすれば、減量に集中するのは、最後の2週間だ。そして、この2週間が実にセンシティブなのである。

勝つための食事

食べることはトレーニングのひとつだと考えている。

特にパフォーマンスに影響を与えるのが計量後のリカバリーだ。減量よりも、クリアした後の方が大切かもしれない。秤に乗った後は、ホテルの控室に戻り、まず常温の経口飲料をゆっくりと飲む。その瞬間、じわっと、体が熱くなり、カラカラに乾いていた細胞のひとつひとつに、その水分が行き渡っていくのを実感する。生き返るとは、このことだ。だが、焦らない。あくまでも少しずつ細胞に染み渡るように摂取するのだ。

水は、ライトフライ級時代に大失敗したことがある。日本タイトルを獲得した田口良一さんとの試合の計量後に冷たい水をガブガブ飲んで急性の下痢になり、体重が2キロしか戻らなかったことがある。フルラウンドを戦ったが、後半はエネルギーがなくなっていた。この頃は、試合前も試合後も何も考えずに食べたいものを食べるという状況だった。

本来、胃は強い。

アマチュア時代、アジアへの海外遠征で、周囲の選手は、よく水当たりをしていたが、僕は、現地の水でうがいをしてもどうってことはなかった。一度も、食当たりの経験はない。このときは、よほど減量で内臓が弱っていたのだろう。

初めて世界タイトルを取った後にサプリメント「ザバス」を展開させている明治と契約を結び、栄養士さんの指導を受けるようになった。知識が増え食への意識が１８０度、変わった。

現在のリカバリー方法も栄養士さんの指導を受けて取り入れたものだ。控え室で水分を補給した後は、色んな媒体で紹介されてすっかり有名になったが、父が準備してくれる特製雑炊「ＳＳＺ（シンゴ・スペシャル・ゾウスイ）」を食べる。保温瓶で持参しているので温かいままだ。

すっぽんや、鶏肉、野菜、朝鮮人参、ニンニクなどをじっくり炊き込んだもので、栄養分がたっぷり。食材が溶けるほど煮込んであるので消化を助け、数日間、活動していなかった胃にも優しい。最初は、参鶏湯（サムゲタン）を真似たものなので、「シンゴタン」と呼んでいたが、どんどん進化を遂げ「ＳＳＺ」に変わったそうである。

計量会場では、これだけにしておく。急激な摂取でしばらく休んでいた胃や内臓を驚かせないためだ。関東圏内での試合の場合、横浜の大橋ジムへ移動してから2階にある和食店「金谷」で本格的な食事をとる。ご飯、参鶏湯、麺類などの炭水化物が中心のメニュー。ビタミン、スタミナ補給に定番の鰻も出る。からっぽになっている燃料タンクにエネルギー源である炭水化物をたっぷりと補給しておくのがミソ。これをおろそかにすると、試合の中盤から後半に体が動かなくなる。アメリカでの試合は、リカバリーで炭水化物が不足していた。

僕は、この「金谷」に来たときの食欲を調子のバロメーターと位置づけている。コンディションの仕上がりがいいときは、いくらでも胃袋に入る。WBSSのパヤノ戦の前はビックリするほど食べた。そして「金谷」での食事が終わると、自宅か、ジム近くに確保してもらっているホテルに戻り睡眠をとる。夜飯は、焼肉。井上家全員でいく。地元にある「永楽園」という老舗で、肉も美味しいが、店員の方々の接客が素晴らしくリラックスできる。

僕は、赤肉をひと切れ、ふた切れ、軽くつまむ程度だが、それまで焼肉断ちをしているから、焼肉店に来て、肉が焼けた香ばしい匂いを嗅ぐだけで、ストレスから解放され気が晴れるのだ。体調がよければ、もっと食べることもあるが、ビビンパや鶏クッパなど、ここでも、炭水化物をもう一度、補給しておく。

そして、試合当日は、会場にいく前に、地元の蕎麦屋「そば処 松右ェ門」に寄って、親子丼を食べるのが必勝パターン。僕のは、特別に玉ねぎ抜きで作ってもらう。

実は、玉ねぎが苦手なのだ　元々、小さい頃から野菜嫌いだった。あの食感が苦手だったのである。高校生になったぐらいに他の野菜は食べられるようになってきたが、玉ねぎだけは、どうしても受け付けない。

イチローさんなど、トップアスリートには偏食の人が多いと聞く。健康を保つには、野菜は必須だろう。栄養士さんの説明によると、体調を整える作用があり、風邪なども引きにくくなるという。では、アスリートに必須か？　というと、僕は疑問なのだ。野菜はエネルギーにならないし、筋肉を作るのも野菜ではなく肉、たんぱく質である。

拓真は、小さい頃から生魚が苦手。特に甘えびが苦手になって受けつけなくなった。元WBA世界スーパーフェザー級スーパー王者の内山高志さんは、現役時代、試合前に食当たりにならないよう、すべての食材に火を通すなど細心の注意を払っていたらしい。拓真は、生まれながらにボクサー向きの食志向なのかもしれない。胃に自信のある僕はといえば、試合前でも、気にせず好きなものを食べている。

日常生活では、基本的に朝飯は食べない。朝飯抜きで9時からロードワークを行い、昼飯が一日の最初の食事。日に2食だ。確か、学校が始まる前の5時6時にロードワークをしていた小中高時代は、走った後に自宅で朝飯を食べていた。おそらくプロ生活が始まってから朝飯を食べなくなったと思う。拓真も同じサイクル。栄養士さんから「朝飯を食べた方がいいですよ」とススメられているが、野菜嫌いも含めて、これが井上流なのである。ただ最近は、明治から提供を受けている「ザバス」などのサプリメントを少し使用するようになっている。〝サプリメントマスター〟の八重樫さんからも「最低これだけは飲んだ方がいいよ」というものをご教授いただいた。ビタミンにアミノ酸系を2、3種類。それでも「サプリメントに頼りたい」という気持ちは、今のところ持っていない。

僕はルーティンを持たないが、減量後のリカバリーだけは、ルーティンとして固まっている。今回はあそこで食べよう、次はあそこへ行こうと、余計なことを考えず減量で弱った肉体をただひたすら回復させることに集中しようという人間の本能が、そうさせているのかもしれない。

食に関して、もうひとつ記すべきことがある。

特別な勝利の晩餐がある。

試合の翌日の早朝に、拓真、浩樹とラインで連絡を取りあって近くのコンビニに集合して食べるカップ麺である。コンビニに常備してあるポットからお湯を注いで、店の前に、座り込んで、高校生みたいに食べるのだ。すべてに解放された、その日だけは、普段、我慢しているジャンクフードが無性に食べたくなる。禁煙や禁酒を守っていた人が、1日だけ、その禁を破るといった体だろうか。

実は、グラスゴーでは、妻が持参していたカップ麺を試合後にもらって、コンドミニアムで食べた。遠くグラスゴーの地で、WBSS決勝進出を決めた、ご褒美の晩餐もカップ麺だったのである。

自信は過信に変えてはならない

プレッシャーは好物である。

プレッシャーには、自分で自分にかけるものと、外からかけられるものがあるが、僕の場合、メディアやファンの方など外からかけられるプレッシャーが多い。

「今度は何ラウンドKOですか？」

「何秒で倒しますか？」

もうそれが挨拶のようになっている。ならば「どんどんかけてください」という気持ちがある。プレッシャーに潰される性格ではなく、それで盛り上がるならプレッシャーは力に変わる。

しかし、周りからかけられる言葉、プレッシャーは、無意識のうちに頭のどこかに埋め込まれていく。謙虚さを忘れ「今度も早く終わらせたい」との欲が出てくる。

自信は確信に変わることもあれば、過信に変わることもある。自己を過大評価してしまう。これを驕りと言うのかもしれない。

驕りは、スパーリングでも顔を覗かせる。「倒せるよ！」という過信が強まってくる。

今、やらなければならないボクシングはそれではない。頭では理解しているつもりだが、肉体は、そういう風には動かず、強引に〝上から目線〟で、倒すことだけを考える乱暴で知性の欠片もないスパーリングをやってしまう。

ロドリゲスとの決戦を前にした2月の公開スパーリングだった。

井岡ジムの石田匠選手を横浜に招いた。メディアが多数いたこともあって、僕は、本来すべきことを忘れて、ムキになっての一発狙い。強引に倒しにいった。父からすれば、それは「尚のスタイルではない」と映ったらしい。練習が終わると、いつのまにか、父は、ジムからいなくなってしまっていた。

いつもなら、スパーの内容について反省、指摘があるが、無言で去った。それが何を示しているかは理解できた。僕のスパーに驕りが見えたのだ。

僕は父にラインした。

「納得できないスパーをしてごめんね」

すぐに返信がきた。

「難しいことじゃない簡単だよ。初心に戻らないと」

「スパーリングは技術、テクニックをチョイスして、徐々に崩していくんだよ」

その前には、東京五輪出場を狙っていて世界ユースで金メダルに輝いているアマチュアのホープ、堤駿斗選手（東洋大1年）とスパーを行ったが、それも力任せにねじ伏せてやろうとする内容だった。

「ちょっとしばらくスパーをやめていいかな」

「わかった」

石田選手と、最悪のスパーを行ったとき、ちょうど、その翌日からグアム島への走り込みキャンプへ出発することもあって、僕は、そこから約1か月間、スパーを中止した。大橋ジムへも行かないようにした。フィジカルを中心にシャドーボクシングなどを座間で行っていた。そうして考える時間を作ることで、自分自身と、もう一度向き合い、モヤモヤした気分を取り払った。そして今やるべきことを整理した。仕切り直しだ。


「打たさずに打つ」ボクシング。それが、父と、幼い頃から積み上げてきた井上尚弥のボクシングである。根本に染みついているし忘れたことはない。だが、心技体のバランスが崩れ、パンチが雑になっていた。

「スパーリングで倒せ！」

「スパーリングで負けるな」

それが父の教えだった。高校生の頃は、よく出稽古にいったが、「これが井上尚弥か」と、好奇の視線を集め、ピリピリとしたムードの中で、スパーを試合だと思い、倒しにいった。

実家の部屋には、こんな張り紙がしてあった

「言われた課題をスパーで修正できなければやめさせる」

やめさせるとはボクシングを辞めさせる、引退させるという意味だ。

やみくもに倒すことに意味はない。

それはただの自己満に過ぎない。本来ならば、小まめにテーマを分けて、スパーで試すべきパターンを決め、それを反復しなければならない。例えば「このラウンドは足を使う」、「このラウンドはラスト30秒でラッシュをかける！」といったテーマだ。

練習といえどスパーは殴り合いである。感情が出ることもある。ただ、そこに無意識の驕りが重なって、表面に現れてしまっていたのである。今でもスパーで「倒せるときがあれば倒す」という姿勢は貫くが、無理には倒しにいかない。それより重要なのはスパーの質を高めることなのだ。

今やらなければならないことを己に言い聞かせ整理してからスパーを再開した。

また堤選手に相手をしてもらった。

スパーが終わると、父は「いいよ。いつもの尚に戻ったな」と声をかけてくれた。

自信は大事だが、それが過信になれば、諸刃の剣となって、自分を見失い、ボクシングを壊すことになる。それを人はスランプや不調と呼ぶのかもしれないが、それをコントロールするのは自分しかない。ボクシングがメンタルスポーツと呼ばれる所以である。本能だけ先走り、技術、テクニックが消えると、本来の力が出なくなる。僕はグラスゴーでのＷＢＳＳ準決勝を前にアスリートとして大切なことを知った。

自信を過信に変えてはならない、という教訓を――。

5R

モチベーション
スイッチ

明波

強いチームの作り方

リングでボクサーは孤独なのだろうか。ボクシング小説によく出てくるフレーズを僕は、一度も感じたことがない。リング上で孤独を感じている人は、実際のボクサーの中にどれくらいいるのだろう。子供の頃から、いつも父がいて、拓真がいて、浩樹がいた。チーム井上のみんなで挑み、みんなに見守られてリングへ上がってきた。

入場テーマ曲がかかると控室で大橋ジムのスタッフ全員で輪を作って円陣を組む。大橋会長がひとこと、ふたこと、掛け声を出す。気合を入れて、それが最後のスイッチ。チーム一丸となって試合へ挑む〝絆〟を感じる瞬間だ。

そこに孤独感はない。みんなと共に戦う高揚感が、やがて集中力へと変わっていく。リング上で結果を出す自分は輝いている。あの四角い空間は、孤独を感じる場所ではなく輝ける場所だと思っている。普段から自己顕示欲はそう強い方ではない。試合だけが井上尚弥の集大成を発表する晴れの舞台なのだ。

しかし、6歳から続いていた父とのコンビに崩壊の危機があった。

2016年9月、地元座間スカイアリーナで行なわれた初めての世界タイトルの防衛戦である。当初、ナルバエスとの再戦話があったが、バンタム級転向を理由に拒否され、元ＩＢＦ世界スーパーフライ級王者で、現ＷＢＯ世界バンタム級王者のゾラニ・テテにもオファーをかけたが、彼にもバンタム級への転向を理由に断られた。結局、ＷＢＯ世界ランク1位のペッバーンボーン・ゴーキャットジムとのＶ３戦が組まれた。

その試合の3週間前にアクシデントに襲われた。急に腰を痛めて動けなくなったのだ。疲労の蓄積から腰の筋肉の中心部が固まり違和感が続いた。当然、スパーリングは中止。ただ、試合の延期を考えるほどの病状ではないと自分では、甘く考えていて思い悩むほどではなかった。それが試合が近づいても一向に回復する気配がない。僕は、その腰痛を父に隠して試合を決行した。

本来ならば、父にすべてを打ち明けるべきだったが、「大丈夫か？」と聞かれ、「大丈夫」と答え、痛みが残っていることを伝えなかった。「心配させまい」と隠したまま当日のゴングを迎えたのである。

右拳を痛めたことも手伝って僕は、スタートから最低最悪のボクシングしかできなかった。それが父には、全力を出さずに格下の相手を軽くいなしているように映ったのだ。

インターバルで「大丈夫といっているわりに、なんだ、そのボクシングは？」と、父は激高した。以降、ラウンド間では、ほとんど口をきいてくれなかった。

腰痛に耐えきれなくなった僕は5ラウンドに横を向き、そこにパンチを2発浴びたが、腰は完治したと信じきっていた父からすれば、それは裏切り行為に見えた。敵に背を向けることは、2人で目指してきた理想のボクシングとは真逆の行為だった。

「自分のやりたいボクシングをやってんだろう。じゃあ勝手にやれよ。オレと違うボクシングをやるのならば、オレは必要がないだろう」

10ラウンドにいちかばちかのインファイトを挑んできたペッバーンボーンの気力にあおられ、僕は、痛めた右の拳を使って殴りにいった。この試合からは、ニックさんこと、永末貴之さんにバンテージを巻いてもらっていたから、まだ拳が耐えられたのだろう。ラッシュをかけるとタイ人は膝から崩れて尻餅をついた。一度は、起き上がってきたが、ファイティングポーズを取ることはできなかった。だが、試合後に父はリングに上がってくることはなく、控え室に帰ったときには、もう姿はなかった。大橋会長には、「もう尚とはコンビを組めません。お先に失礼します」と、挨拶して去ったという。

本心を言えば、腰痛を言葉で伝えなくとも、動きを見ればわかってくれるだろうという甘えもあった。腰が痛くてまともにコーナーから立てなかったのだ。

僕は父と顔を合わせないまま、翌日ロスへ飛んだ。ローマン・ゴンサレスと、カルロス・クアドラスのWBC世界スーパーフライ戦の視察だ。

父にラインを送った。

今の気持ちと腰痛を黙っていたことを詫びた。だが、既読はつかなかった。

父はショックのあまり、家を出て、連日、相武台の駅前で酒を飲み、車の中で寝泊まりしていたらしい。ボクシングのことを考えたくなかったという。

僕は帰国するとすぐに実家へ向かった。大橋会長からは「お父さんは、お酒を飲んでいるし、喧嘩になるから今は会うのはよしたほうがいい」と諭されたが、逆に、今、このタイミングを逃したら親子に取り返しのつかない亀裂が入ると思った。

予告なしに実家の玄関を開けると、父はリビングで焼酎をグビグビ飲んでいた。

一瞬、僕を見て驚いた顔をしたが、少し嬉しそうにしているのがわかった。

「腰が痛くて、自分のボクシングがコントロールできなかったんだ」

「ええ？　そうなの？　じゃあ、それ隠さずに言えよ。アドバイスも変わるんだから」

「心配をかけたくなくて言えなかったんだ」

もうそれ以上、会話は必要なかった。

わかりあえているからこそ、言葉のキャッチボールを欠かしてはならない。人と人との絆は、たとえ血のつながっている親子であっても、実は、砂上の楼閣みたいなものである。わかっているはずの〝はず〟が誤解につながることがある。僕は、毎日、そこに水をやり、砂を土やコンクリートのごとく固めておかねばならないことを知ったのである。

しかし、また1年後に事件が起きた……いや正確には事件ではない。

2017年の師走。街がクリスマスの装飾品で彩りを増す頃だった。12月30日に横浜文化体育館で行われるWBO世界スーパーフライ級タイトルの7度目の防衛戦となるヨアン・ボワイヨ（フランス）戦に向けての調整も最終段階に入っていた。

その日は、スパーリングがなく、パンチを受けるために開発された分厚いミットを両手にはめた父が構える、その的に向かって、試合を想定したパンチを打ち込む練習を数ラウンド消化した。僕たちの世界で「ミット打ち」と呼ばれる基礎練習だ。これでひとつひとつのパンチの狂いを修正し、コンビネーションと呼ばれる連打のパターンを磨き、ステップワーク、距離などを確認する。スパーリングの一段階手前の重要な実戦練習である。

その父とのミット打ちが終わった後に、〝おうちゃん〟こと太田光亮トレーナーと、次に「汗だしミット」を行った。これは、持久力強化と、減量のための汗を出す狙いのミット打ちで、試合を想定し考えながら打つのではなく、3分間、自分を追い込むようにひたすら限界までラッシュを繰り返す。受ける方もパンチのスピードに反応してミットを動かす反射神経が必要になる。スピードはマックス。僕らはリズミカルに息の合った3分間を楽しんだ。その「汗だしミット」が終わった後に父がこう言った。

「もう今度から、ミット打ちは、すべてそっちとやれよ」

突然のコンビ解消宣言だった。

ミットをどう持つかを巡っては、何度かケンカに発展することがあった。

「僕がこう持って欲しい、ああして欲しい」と主張すると、父も、「いや、そうじゃない。このミットにはこういう狙いがあるから」と主張して意見が衝突していた。

そうなると、２人の波動や息が合わなくなってパンチにずれが生まれ、リズムやテンポが微妙に狂うようになる。精密に相手を破壊していく作業のチェックができなくなるのだ。対して、おうちゃんは、現役時代の戦績が６勝４敗で８回戦まで進んだボクサーファイターだったそうだが、28歳と若いのでミットの反応がよく体力もある。

父は、それらの状況に我慢ならず、ついにコンビ解消を宣告したのだ、と、あの座間の腰痛事件が、一瞬、また頭をよぎったのである。

すると僕の不穏な表情を感じ取った父は、こんな話を始めた。

「おうちゃんは、若いしハートもいい。尚のスピードのあるリターンのパンチにもついていける。自分の反応が遅くなると、ミット打ちの流れ、リズムの中で、スムーズにいかなくちゃいけないところが、いけなくなる。尚のスピードは、どんどん上がっている。対応できる人に持ってもらった方がいい。おうちゃんは、自分のミットをじっと見てきて同じスタイルのように感じる。まだまだ大丈夫だけど、もう50歳。自分の限界に尚をつき合わせるわけにはいかない。これからは、おうちゃんにお願いしよう。尚の引き出しも増えるし自分も客観的に外から見てアドバイスを送った方がいいと思うしね」

不安が杞憂に終わりホッとした。

翌日から現体制の「新チーム井上」のスタートとなった。僕も拓真も、ミットはおうちゃんが受けてくれ、それを父が外から客観的に見てチェック、アドバイスを送る体制だ。ミットを受けていると、距離が近すぎて見落としていた点も俯瞰で見ることによってチェックしてもらえるようになった。おうちゃんのミットには、ボディにつけるドラムプロテクターも含めて、マックスのスピードとパワーでコンビネーションを立体的に打ち込める。もちろん、父へのリスペクトは変わらないし、アドバイスにも素直に耳を傾けることができる。現在のチーム井上は、一番利にかなった理想的な体制になっている。

負けられない相手を持つ

２０１８年の年末の夜。

僕らは夜遅くに座間の「丸源ラーメン」の駐車場に車を停めた。その日、拓真がペッチ・ＣＰフレッシュマート（タイ）を判定で下して、暫定ながらＷＢＣ世界バンタム級王者となった。両親、姉に、浩樹、後援会の方々も交えて、井上家でテーブルを独占しての、ささやかな祝勝会である。僕がオマール・ナルバエスを倒して、当時、世界最速記録となる8戦目での2階級制覇を果たしたときは、試合後、和食のファミレスチェーンの「夢庵」に寄って祝勝会を開いてもらった。いつもつつましく飾らず生きる井上家らしい祝勝会だ。

拓真は「丸源ラーメン」名物の肉そばと、鳥の唐揚げを注文した。

僕は本当に嬉しかった。拓真は、一度決まっていた世界戦を拳を手術してキャンセルして、約9か月のブランクを作り復帰してきた。拓真の才能からすれば、プロ13戦目での初戴冠は遅かったかもしれない。でも、僕は、ラーメンの上に贅沢に乗せられた豚のバラ肉を美味しそうにほおばる拓真に苦言を呈した。

「勝てて良かったけど、褒められる内容じゃない。内容は最悪だぞ」

試合後の僕の辛口評は、いつものこと。拓真も、「わかっているって。自分でも満足していないよ」と、苦笑いを浮かべていた。

この試合の1、2ラウンドは積極的に前へ出て、会場を沸かせた。しかし、後は受け身で〝待ちのボクシング〟に徹してしまった。拓真は、アマチュア時代から、相手を圧倒する勢いで連打を浴びせるファイターだった。「前へ」。それが拓真のスタイルだった。幼い頃からずっと一緒にトレーニングをしてきて、父というトレーナーも一緒だったが、まるで僕とは違うスタイルになった。僕も負けず嫌いだが、それ以上の負けず嫌いの性格が影響したのだろう。だが、いつからかファイターではなくなった。

アウトボクシングを徹底するのは賛成だ。それならそれで、スピードと手数を生かしてもっと攻撃的に完璧に相手をコントロールしなければならない。絶対に負けられないタイトル戦でポイントを取って勝ちに持っていったことは評価できる。しかし、それを極めて、今後の拓真のスタイルにしていくのならば、さらに磨き上げていかねばならない点は多い。

昔は、よく2人でスパーリングをしたが、いつのまにかヒートアップすることが多く父から禁止令が出た。本気で拳を交えなくなって、ずいぶんと経つ。拓真のパンチ力は、僕よりある。僕は、いつも厳しい言葉を投げかけるが、それは拓真の才能をずっと一番近くで見ていて誰よりも真の実力を知っているからである。ボクシングは悪くない。せっかくのパンチ力の生かし方を知らないだけなのだ。ボクシングのちょっとしたコツをつかめていないのである。そこが歯がゆい。

拓真は、「尚のリーチと当て勘に嫉妬を覚える」と、メディアの方々に話をしているそうだが、ほんの少し、ちょっとした考え方の変化で、ボクシングは変わる。当て勘を磨くための感性を開花させるのは、ちょっとした気づきなのだ。それは教えられるものではない。ただ、まっしぐらに突き進んでいる拓真は、ほんの少しボクシングに関わる角度を変えてみればいい。拓真は、今、夜明け前なのだ。

拓真とは、ほぼ1日、行動を共にしている。9時からのロードワークを終えると、一緒に朝飯兼ランチを食べる。ジムの練習時間も一緒。晩飯を共にすることも少なくない。減量に入れば、スーパー銭湯に行って、リラックスタイムも共有する。ひょっとすると妻や明波よりも一緒に過ごしている時間は長いかもしれない。

良き弟であり良き友。

昔から、兄弟喧嘩はよくしたが、激しい殴り合いはしなかった。拓真の嫌なところも何一つ思い浮かばない。僕には、「連絡は、早めにちゃんとしろ！」と注文をつけてくるが、僕からは何もない。ボクサーとしての立場には現段階では差がついているが、変な嫉妬心は感じていないだろう。口に出すことなどないがリスペクトもある。ボクシングという共通の仕事を介して兄弟の絆はさらに強まっているのかもしれない。

人間としても優しい。

グラスゴーには、浩樹と2人で同行してコンドミニアムの隣の部屋を取ってサポートしてくれた。常に緊張し、どこかピリピリしていた僕の我儘を嫌な顔ひとつせず、すべてを聞き入れてくれた。夜中でも朝でも時間を問わず、買い物にも行ってくれた。減量はあったが、絶食ではないので、少しだけパンを食べたくなることがあった。パンは軽いので増量にはつながらず、しかも炭水化物。減量期間中には、ちょうどいい食材なのだ。幸い宿泊した場所の近くには、24時間営業のスーパーマーケットがあり、拓真はすぐに買いに走ってくれた。ヨーロッパのパンは硬いイメージがあるが、柔らかいコッペパンも見つけてくれた。洗濯機が備え付けてあったため、練習着や下着も毎日、拓真が洗濯してくれた。実は、洗濯ものの干し方の向きには、細かいこだわりがあるが、それも文句を言わずに守ってくれたのである。

テレビゲームスイッチ「スマブラ」の相手もしてくれた。これは拓真が楽しみたかっただけかもしれないが、ロドリゲスを259秒で倒すことができたのも2人の現地でのフォローがあったおかげだ。

幼い頃も、気のいい拓真には、よくピンチを救ってもらった。

拓真が、今でも思い出話にするのが「放火魔事件」。夏場は、実家の玄関に網戸が使われるのだが、面白半分にライターで悪戯をして穴を空けてしまったことがある。「これは怒られる」と咄嗟にびくついた僕は拓真に「これ拓がやったことにしておいてくれない？」と頼んだら、あっさり「いいよ」と罪を被ってくれたのだ。父は、自主した替え玉犯人の拓真をきつく叱りはしなかったが、しばらく「放火魔」と呼んで皮肉っていた。拓真は、それが嫌で「なんで、やってもいないオレがそんな言われ方をされなきゃいけないないんだ」と、むかついたそうだ。愛すべき弟である。

ＷＢＳＳの頂点を決するノニト・ドネアとの試合のセミファイナルで、拓真はＷＢＣ世界バンタム級正規王者のノルディ・ウーバーリ（フランス）と統一戦を戦う。正規と暫定の２人の世界王者がいることは、ボクシングに詳しくない方々には理解しにくいかもしれないが、ボクシングでは、世界王者が怪我や病気などで長期間防衛戦ができない場合、暫定王者を置くことがあり、正規王者が試合可能な状態になれば統一戦が行われる。

兄弟共演は過去に何度かあったが、初のダブル世界戦である。ウーバーリは、16戦無敗、12ＫＯのサウスポーで、アマチュア時代には北京五輪、ロンドン五輪に出場した経験のあるオリンピアン。２００７年の欧州選手権と世界選手権で銅メダルを獲得している。アマエリート出身らしく基本がしっかりしており、好戦的でスピードもある。拓真との試合が２度目の防衛戦。拓真にとって間違いなく過去最強の相手だ。

いつものことだが、練習の段階から口は出している。要点は、「サウスポーに対してやるべきことをやれ」ということ。日程や場所は出ていなかったが、暫定王座を獲得した時点で、ウーバーリとの統一戦が、次の試合になることがわかっていたため、拓真は、かなり前から同じサウスポーとスパーを積み対策を始めている。

オーソドックススタイルのボクサーが、サウスポーを苦手とするのは、普段から拳を交える機会が少ないからだ。一方、サウスポーは、圧倒的に右構えのオーソドックススタイルのボクサーとスパーリングを行っている。必然、サウスポーは右構えのボクサーに苦手意識はなくなる。ならば、それを逆手に取ればいいのである。右構えのボクサーがサウスポーにやられて嫌な戦術を裏返しでこちらがやればいいのだ。それが「サウスポーに対してやるべきことをやれ」という意味である。

それを試合で実戦できるかどうか。

映像を見る限り、上背は拓真とそう変わらない。スピードがあり、プレッシャーをかけてどんどん攻めてくるが、正面で受けて立って潰したい。拓真の圏内に入ってこれないように逆に圧をかける。或いは、サイドに動き回って翻弄させる。あらゆるパターンを想定しておくことが大事である。もし、ウーバーリが、自慢のスピードと出入りを使えなくなって、拓真が、ガチャガチャした展開に持ち込めれば、しめたものである。リングで対峙したとき、拓真が何をどう感じて、どういう選択肢を選ぶかも重要になってくるだろう。

拓真は、試合前に相手を過大評価して戦いをイメージするという。その点は僕と似ている。WBC挑戦者決定戦だったマーク・ジョン・ヤップ（フィリピン）との試合では、想像していたヤップのスピード、パンチ力と、実際に対峙して感じたそれにギャップがあったため、余裕を持って戦うことができたという。つまりリングでどう感じて動くかが勝敗のカギを握る。

あくまでも報道で見聞きしたレベルでの情報だが、ウーバーリ戦を乗り越えると、次にグラスゴーで僕が倒したロドリゲスと、〝悪童〟ネリの間で次期挑戦者決定戦が争われ、その勝者が、拓真の前に立ち塞がるようである。

「まさかロドリゲスとやることになるとは思わなかった」と拓真も驚いていたが、何が起きるのかわからないのがボクシング界である。ロドリゲスかネリかどちらが勝つかわからないが、おそらく、この試合も続けて拓真にとってビッグファイトになる。拓真が名を上げるチャンスは、ゴロゴロと目の前に転がっている。それを拾いあげられるかどうかは拓真次第。同情などない。

「おまえ自身が頑張れ」ということなのである。

「いつ兄の井上尚弥を超えられますか？」

今回の書籍作りを手伝っていただいたスポーツ編集者に、そう投げかけられた拓真は、真剣な顔で、こう返したと伝え聞いた。

「尚を超えたと言える日はこないんじゃないですかね。ウーバーリ、ロドリゲス、ネリ……次から次へと待ち受ける強敵に勝ったからといって、尚に並ぶことにはならないと思う。尚は倒してきている。試合に中身がある。勝つだけでは、それを越えることは難しい。今の時点では、いつ尚を抜ける？　と聞かれてもわからないとしか答えられない。尚は兄であり、友達であり、ボクサーとしての目標なんです。どれだけ近づけるか」

僕のことをいつか追い抜く。その気持ちは失ってはならないだろう。

だが、僕は負けない。走り込みのキャンプに行っても、朝のロードワークでも、拓真や浩樹の一歩先を走る。「オレを超えられるものなら超えてみろ」。劇画のライバル物語的な熱血はないが、兄としての単なる意地がある。

この小さな意地の積み重ねが井上尚弥を構成していくのである。

ひとつ年上の従兄、浩樹にも触れておく。父の兄の子供が日本スーパーライト級王者の浩樹である。従兄だが、僕たちの兄弟も同然。井上家一のいじられキャラだ。

グラスゴーに同行してくれた浩樹には癒された。現地で突然、髪を切りたいと言い出した。罰ゲームではないが、通訳の方のサポート無しに美容院に「突撃してこい！」となった。

髪の側部だけを6ミリほどカットしたかった浩樹は、「6（シックス）」を連発したが、まるで通じず、美容師は戸惑っていた。あとから調べてわかったことだが、スコットランドの美容院は、ナンバー1、2、3でカットする髪の毛の長さを示すことになっていて、「1」なら「凄く短く」、「2」なら「中くらい」、「3」なら「長め」という目安になっているそうだ。それで美容師がナンバーを尋ねていたのだが、浩樹は、髪の毛をどれくらいの長さに切るかを聞かれていると勘違いして「6」を連発していたのである。「3」までしかないのだから「6」と訴えられた美容師の方は、さぞ困っただろう。

ちなみに僕は、地元座間の美容院と、大橋ジムの下にある美容院の2箇所で髪を切っている。ジムの下にある美容院の専属の美容師さんは、グラスゴーまで来て、最後に、もう一度、髪を整えてくれた。超短めにして現地入りしたが、10日も経過したので、やはり少し伸びてきていた。その美容師さん曰く、僕は「世界で一番細かい注文をつけるお客さん」らしい。

話は、少し脱線したが、浩樹は、4つ離れた兄の影響でボクシングを始め、高校卒業後は、拓大に進学してボクシング部の寮に入った。その4年間は、別行動で、ほぼ音信不通状態だった。今では、入場曲やハッピなどで、すっかり最強のアニオタボクサーとしての地位を確立しているが、小、中の頃からアニオタだったわけではない。大学から戻ってきたとき、突然、アニオタに変身していたのだ。「え？　何？　嘘でしょ？」と、目が点になり、声が漏れるほど驚いた。おそらく大学時代に友人から影響を受けたのだろう。

高校時代に3冠、拓大でも国体など2冠を獲得、大学は4年時に中退してプロに転向した。そして、2019年4月に初挑戦で日本スーパーライト級のタイトルを37歳のベテランの細川バレンタイン選手から判定で奪い取った。だが、僕はリング上で、「素直におめでとうと言いたいけど、ここってところで行けない部分もあった。一緒に練習していきたい。今日は辛口で」と、あえて辛口メッセージで祝福した。

浩樹ほどポテンシャルを持て余しているボクサーはいない。中量級離れしたスピードにパワー。ボクサーとしてのフィジカルポテンシャルは、十分に世界を狙えるものだ。なのにそれを生かしきれていない。いや、生かそうとしていないのだ。

すべての原因は、そのメンタルにある。練習を見ていればよくわかる。たとえばスパーでも1ラウンドは好きにパンチを放ち、ペースを握れると満足してしまい、続く2ラウンドは余裕を見せて流す。やるべきことをやっていないボクサーの典型。そこが腹立たしい。すべてがメンタルに起因している。そのことにまだ気づいていないのが罪深い。

今回、拓真とのダブル世界戦が初めて実現した。そこに浩樹が加わって、井上家勢揃いのトリプル世界戦が、将来、実現したい夢の一つでもある。浩樹は12月2日に後楽園ホールでWBOアジアパシフィック同級王座決定戦に挑む。拓真と浩樹のボクサーとしての本当の夜明けが待ち遠しいが、陽は、まだ昇って来てはいない。

井上家は、ボクシングを通じて、その絆を深めてきた。苦しみも喜びもみんなで分かち合ってきた。井上尚弥という人物は、両親がいて拓真がいて浩樹がいてこそ成り立っている。だから負けられないのである。

帰る場所があること

僕がチャンピオンであるための聖域を守ってくれている人が妻の咲弥である。ここまでのボクサー人生は彼女と共に歩んできた。何でも話のできる友達みたいな関係だ。

地元が一緒の幼馴染。中学が隣同士で、高校へ進学する際に、友達から「こんな子が同じ学校へいくよ」と中学の卒業アルバムを見せてもらった。こんなことを書くと怒られるかもしれないが、第一印象は、記憶に薄く、この先、付き合うことになるなど想像もしていなかった。「卒アル」を見せてもらうことは、紹介みたいなもので、連絡先を教えてもらい顔も知らないままメールでやりとりを続けるという不思議な付き合いがスタートした。

高校入学の4月になって、やっと実物と対面した。写真と違って会ってみたら可愛かった。そのギャップに魅かれ、7月になって自分から告った。交際が始まり、家も近かったことから、一緒に登校するようになった。クラスは別だったが学校では公認のカップルだった。

高1から家に呼んで両親に紹介した。

どこに連れていっても場の雰囲気を読める人。気使いの人なのだろう。

結婚の決意は、いつだったか。高校生の頃、青春のノリで「世界チャンピオンになったら結婚しようね」と、将来の約束を口にしたことがある。人生を懸けた真剣な未来日記ではなくごく軽い感じで、そう言ったと記憶している。

２０１４年４月６日、ＷＢＣ世界ライトフライ級王者、アドリアン・エルナンデスを６ラウンドにＴＫＯで破りプロ６戦目で世界チャンピオンになった。

まだ20歳。何もかもが若すぎて青春の告白を「結婚」という人生最大のイベントに落とし込むには、実行力に欠けていた。気持ちに社会的な年齢が追いついていなかったのである。

実は、19歳から家を出て２人で暮らしていた。若い恋人同士にありがちな、ささいな喧嘩や、短期間の別離などもあったが、世界タイトルを取り、初防衛を果たし、スーパーフライ級に上げて２階級制覇を果たした頃には、また同棲生活を再開していた。

２０１５年３月に拳の手術を行い、約９か月のブランクを経て、１年ぶりの再起戦が決まった時期だっただろうか。僕はリビングで寛いでいた。すると、奥さんから、ふいに「ところでいつ私達は結婚するの？」と聞かれた。僕は、その問いに、ごく自然に返事した。

「ああ、じゃあ、すぐしようか」

それが生涯の伴侶が正式に井上姓に変わる瞬間だった。

カッコいいプロポーズの言葉はなかった。

「じゃあ、キリがいいし、12月1日に座間の市役所へ婚姻届けを出しに行こう」

2015年12月1日。僕たちは正式に夫婦となった。

こんな調子で籍を入れることになったから、すべては、後から段取りした。入籍してから結婚指輪を買った。その後から「ちゃんとした形があったほうがいいね」と、少し豪華な婚約指輪を揃えた。どちらもブルガリ。そして翌年の6月には挙式披露宴も行った。ジューン・ブライドである。

両親も結婚に大賛成してくれた。

父自身は、母と大恋愛の末、19歳でゴールインした。母の両親に反対されて大変だったそうだが、父の母と祖母の3人で土下座。普段は、口数の少なかった母の父と「真吾君、ちゃんと美穂を幸せにできるのか？」「絶対に幸せにします！」と、男の約束を交わし、やっと許しを得たという。

そういう思いがあるだけに僕の23歳という年齢も問題ではなかった。

高校生の頃から、妻は、実家に出入りしていて自分の家にいるより僕の家にいる時間の方が長いくらいだった。父も母もその人柄を熟知し交際を認めてくれていた。ただ、付き合い始めたときに、ひとつだけ父から釘を刺されたのは、「五輪にしてもプロにしても尚のボクシングの足を引っ張る子はダメだよ。サポートして一緒に戦える人ならウェルカムだし、尚にとってプラスになると思う」ということだった。

結婚生活は4年目になるが、ボクサーは絶対に早婚の方がいい。つくづく思う。決して大袈裟でなく、もし今、妻と一緒になっていなければ、WBSS決勝のリングに立つ井上尚弥の姿はなかっただろう。帰る場所があるから、いくら遅くなっても自宅に帰る。時間も守る。家庭がなければ、きっと糸が切れた凧のようにフラフラと遊んでしまっている。私生活が荒れ、そうなると次の朝のロードワークもおろそかになり、ボクサーとして強くなるための生活バランスが崩れてしまっていたと思う。

ライフ・イズ・ボクシング。その生き方を守れるのは妻がいてこそ。

家で妻とボクシングの話をすることはほとんどないが、その軸がぶれないでいるのは、奥さんのサポートのおかげなのだ。今の妻でないと僕を支えられない。彼女以外には、ボクサーという職業を理解してもらえないと思っている。

妻に支えてもらっているだけではない。僕もやれる範囲で家事を手助けしている。

小学校の頃、井上家の小遣いは、成果主義制で、掃除、洗濯、トイレ掃除などの家事を手伝えば、その報酬として「100円」「200円」とお小遣いをもらっていた。母に訓練されたおかげで、食器の片づけや掃除、洗濯など細々とした家事は一通り全部できる。

奥さんが困っていたら家事を手伝うしロードワークのついでに家庭ゴミも出す。夫として合格かどうかはわからない。ただイクメンとしては合格だという自負はある。

戦う理由

「明波」と書いて「あきは」と読む。明波の明は、父の会社、「明成塗装」の明。波は、いい感じのニュアンスを探していて妻と一緒に「明るく波のように元気に」との願いを込めて命名した。

ちょうどロードワークが終わる午前10時頃が、最近の明波の起床時間。そこから30分ほど2人で自宅近くを散策するのが日課だ。その間、妻が家の用事をこなせてイクメンとして役に立っている。

父になった日は、２０１７年10月５日。僕は、出産に立ち会えなかった。その日のスケジュールは、番組収録とイベント出演で埋まっていて、そのちょうど合間の移動時に「無事出産」のラインがきた。

大切な命を授かった感動はあったが、父になった実感はなかった。誕生から5、6時間後に病院へかけつけたが、もう落ち着いていて「本当にお疲れさま」と妻に声をかけた。

それから息子と対面した。２９１５グラム。すごく小さくて、こわごわ抱かせてもらった。

顔を覗き込み、少しだけ自分に似ているのかなと思うと胸が熱くなった。

もしスケジュールが空いていたとしても病室の中にまで入っての立ち会いはできなかった。きっとかける言葉も見つからないと思う。病室の扉の外にいて見守っていただろう。

2018年10月7日のWBSSの1回戦、ファン・カルロス・パヤノに挑む試合のトランクスのベルトラインに「明波」と長男の名前を入れた。これまでは、そこには、父が立ち上げた外装塗装の会社「明成塗装」と入れていた。父は、当初、嫌がっていたが、20歳で独立し、苦労して僕たちを育ててあげてくれた父へのリスペクトと感謝の思いを込めてデビュー戦から入れさせてもらっていた。

実際は、「明成塗装」の広告ではなかったのだが、細かい規定が多いWBSSでは、個人のスポンサー広告をトランクスに入れてはいけないルールになっており、どうしようかと悩んでいた。すると、父が「迷っているなら明波がいいよ。息子の名前が、どんとあれば負けられないだろう。明波を入れなよ」と、背中を押してくれた。

僕も「明成塗装」と同じ重さの心の糧をベルトラインに入れたいと考えていた。

今までの戦う理由は自分のためだった。誰のためでもない。自分の強さだけを追求していた。誰のために戦うのかを考えたことはなかったし、リング上で、それを口にすることにためらいもあった。だが、家族が一人増え、負けられないという思いは強くなった。明波の将来への責任。父として失敗も立ち止まることもできない。戦う理由が変わったというよりも増えたと言ったほうがいいのかもしれない。

その証がトランクスに刻みこんだ息子の名前だった。

スマホには、今、2つの動画が保存してある。明波をジムに連れていったときに撮った大きなグローブをはめてサンドバックを叩いている映像と、自宅で明波がカーテンを敵に見立ててシャドーボクシングをしている映像だ。親バカかもしれないが、フックは強烈。声を発しながらパンチを連打し追い込んでいく僕のミット打ちを見学させたせいか、その姿を真似て、奇声を上げながらパンチを乱打するのだ。僕の影響を受けてボクシングを好きになり始めている。将来、明波にボクサーになって欲しいという願いはない。理解できるかどうかわからないが、父の職場を見せておきたかったのである。

父は、中卒だが、親方に師事して外装塗装の職人としての腕を磨いた。結婚直後で、ちょうどバブルが弾けた後だったため、母の両親の反対を受けたというが、20歳で独立、「明成塗装」を立ち上げた。小学生の頃、その父の職場に連れていってもらったことがある。一種の社会見学。組まれた足場をひょいひょいと動きながら、外壁をキレイに仕上げていき、7、8人はいた従業員の方々にテキパキと指示を送っていた。屋上の手すりの一部分の塗装を僕も塗らせてもらったことを覚えている。「お父さんは、こんな仕事をしているんだ」と、子供心に興味津々だったし、その背中が頼もしく見えた。

僕は、2度ほど明波を大橋ジムへ連れていっている。父との記憶がダブったのかもしれなかった。理想の家庭は、僕が生まれた井上家である。ボクシングに関しては厳しかったが、日々の生活は、本当に楽しかった。「オンオフをハッキリさせろ!」が、父の教えで私生活では禁止事項はほとんどなかった。中学卒業時には携帯も持たせてもらった。姉がいて、拓真がいて、兄弟喧嘩は日常茶飯事ではあったけれど、絆は強かった。

他の家庭をそれほど多く知っているわけではないが、令和の時代に井上家ほどまとまっている家族があるのだろうか。でも絆が深まったのは、すべてボクシングという共通の目標があったからだ。みんながボクシングというキーワードでひとつにつながり、同じ方向を向いていた。今では、拓真も僕も実家を出たが、近くに住んでいて何かあれば実家のリビングに集合する。計量後も試合後も全員でご飯を食べる。井上家のような理想の家族を作るには、共通の目標を持たねばならない。世代を超えた家族が共通の目標を持つのは難しくなっている時代。井上家のような家庭を作るのは非現実的なのだろうか。

ちなみに子供が大好きな僕は、最終的には3人は欲しいと希望している。男、女、男の3人。井上家も5人家族だった。理想の家族像は、そこにいきついてしまうのである。

報酬は号砲

家を買った。物欲は、そうある方ではないが、生まれ育った座間に約３００平米の豪邸を建てる。ここまで戦ってきた自分へのご褒美であり、リングに上がるための新たなモチベーションの一つになる。スポーツ新聞風の表現で勘弁していただきたいが、推定金額として「ン？億円」くらいの大きな買い物である。満額ローンを組んでの購入だ。

サラリーマンと違い、将来の保証のないプロスポーツ選手は「ローンが組めない」のが定説で高額年俸をもらうプロ野球選手でもローンを組むことは難しいらしい。

なぜ僕がローンを組めたのかと言うと、父が経営している「明成塗装」の社会的信用のおかげに他ならない。事業実績に加えて、父は、投資物件としてのマンション、アパートなどの不動産を数棟持っている。その恩恵にあずかったわけである。

父は、「20代のうちに我が家を建てる」を目標に、独立後、仕事を頑張って、本当に29歳で今の実家を建てた。僕は、父より3年早く「我が家」を持つことになったわけだが、幼い頃から、何不自由なくボクシングに専念できる環境を作ってくれた父には改めて感謝だ。

家は現在設計中だ。

外観は、打ちっ放しのコンクリート、石などで固める予定で、明成塗装に外装をお願いする予定はない。間取りもざっくりと決めている。最初は、地下に秘密のトレーニングルームを設置しようと考えていた。だが、地下を掘る作業は大変のようで見積もりを取ると、それだけで4、5000万円もするらしい。マンション一室分の金額を見て、僕は、泣く泣く、それをあきらめて一部屋をトレーニングルームにする設計計画に変えた。

設計する作業は楽しいが、キッチンをどうする？　内装のクロスはどうする？と、決めることが山ほどある。一生に一度の大きい買い物。完成してから「ここをこうすればよかった」という後悔をしたくない。完成予定は来年末。時間をかけて念入りに打ち合わせをしている。

またひとつ負けられない理由が増えた。


ファイトマネーは戦うモチベーションのひとつを占めている。

1試合、1試合、結果を出すにつれファイトマネーが上がる。わかりやすい成果主義。デビューからどんどん上がっていっているのだ。職業・ボクサー。当然、モチベーションは上がる。試合のファイトマネーの金額は、試合が決定すると同時に、大橋会長から父を通じて知らされる。

「今回いくら？」

「×××だよ」

そんな会話で終わり。

ここまで、父も僕自身もファイトマネーに対しての不満は一切ない。

「プロボクサー・井上尚弥」の価値を十分に評価していただき、今現在の僕の実力に相応の金額をもらっていると思っている。プロ転向以来、大橋会長との信頼関係が崩れないのも、お互いに何もクエスチョンがないからだろう。

父も、「尚の商品価値通りの金額。オレも大橋会長もお互いに欲がないから、これまで一度も、いざこざがないんだろうな」と言っている。

ファイトマネーの話をするのは、試合が決まったときだけ。そこから試合に向けてのトレーニングが始まり、試合が終わるまでファイトマネーについて考える機会は、まずない。ファイトマネーは、決戦への準備を始めるヨーイドンの号砲みたいなものかもしれない。

現在は、父のアドバイスで法人を設立してあるので、ファイトマネーはジムから会社への銀行振り込みだ。記帳したときに、その数字の桁を見て、「よく頑張りました」と実感することになる。昔は「ファイトマネーの重みを知っておきたい」との理由で、紙袋に札束をごそっと入れて現金でファイトマネーを持って帰ったボクサーもいたらしいが、僕にその趣味はない。

「ファイトマネーには手をつけるな」

「無駄使いをするな。将来のために貯蓄しろ！」

それがプロになってからの父の教えだった。

社会常識から外れていない金銭感覚と経済観念はある。

他の章でも書いたが、小学生の頃は、家事を手伝った際に、その報酬として「100円」「200円」のお小遣いをもらっていた。

高校生のときには、半年間、アルバイトをした経験がある。

父に、「社会常識を知る、社会勉強のつもりでアルバイトをしてみなさい。決まった時間に決まった仕事を毎日して、自分でお金を稼ぐ大変さを経験してみなさい」と言われ、知人を頼って自分で仕事を見つけた。時給850円の工場での仕分け、梱包などの流れ作業。焼酎のビンが詰められた重たい荷物なども運ぶのだが、「それなら筋トレ代わりになる」と、働かせてもらった。

初めてのバイト代をもらったときは嬉しかった。そのバイト代を使って母にリクエストされていたスニーカーを買ってプレゼントした。8000円ほどだった。家族全員で焼肉に行き、ご馳走もした。そういう経験があり、お金を稼ぐことの大変さを知っているからファイトマネーをドンともらっても金銭感覚が麻痺することはない。ごくたまに衝動買いはあるが、無駄使いはほとんどせず経済観念はある。誰よりも、お金の価値は、わかっている。だからこそ現状に満足せずに上を目指すのである。


ボクシングの世界でビッグマネーを手にできるのは海外のリングだ。「WBSS」や「SUPERFLY」といったイベントが誕生してきたが、世界のボクシングビジネスの世界では、軽量級は、まだ市民権を得るに至っていない。中量級、重量級とは人気もファイトマネーの桁も違う。

ミドル級の統一王者、サウル〝カネロ〟アルバレス（メキシコ）は、有料のスポーツ通信メディアである「DAZN」と5年11戦で総額3億6500万ドル（約390億円）のメガ契約を結んだ。僕もWBSSで優勝できたら、世界的なプロモーターのひとつであるトップランク社との契約交渉が本格化する予定で、今後の活動の幅が広がってくる。他競技のことはよく知らないが、世界で戦うプロアスリートの垂涎の年俸は、その選手のブランド価値となり、憧憬の念を持たれ、夢を語れる。

これまでの日本のボクシング界の常識の壁を超えていく金額を稼がねばならないが、現実問題として、カネロが結んだ単位での契約はバンタム級では難しいだろう。

しかし、世界で軽量級ボクサーに持たれている固定観念を破壊していかねば面白くない。スーパーバンタム級以上に階級を上げたとき、スポンサーフィーも含め、1試合の総収入の10億円越えは目標に掲げたい。

人を嫌いにならない方法

僕には人を嫌いにならないという才能があるらしい。

友人であっても、時間を守れない人、挨拶のできない人は、苦手な部類の人種になるが、基本的には、そういう最低限のモラルさえ守れる人であれば、どれだけ変わり者でも仲良く人付き合いができる。ボクシング業界だけに限らないだろうが、人の好き嫌いをハッキリと区別できる人がいる。僕にはとても真似ができない。そういう正直な人は、ある意味、凄いと思う。僕は人見知りの方だが、誰かを嫌いになり、話もしたくない、という人はいないのだ。

悪口や愚痴も言わない。気を使う性格でもある。

「井上さんみたいに人を嫌いにならないにはどうすればいいんですか？」

大橋ジムの寮生から、ごくたまにそんな相談を受ける。

僕は、こう答える。

「自分を好きになることだろう。自分に自信を持ち、人を羨ましいとか、他人との比較をしないこと」

別章にも書いたが、父の教えがそうだった。自分は自分、人は人。他人と比べることをしなければ、誰かを嫌いになることなどないのだ。

ただ大切な人には、思った気持ちをぶつける。妻、拓真、浩樹ら、気が置けない人達は特別だ。心を許すまで時間はかかるが、一度、通じ合えば、互いに心のヒダの内側を知るほどに接近する。対人に用心深いのかもしれない。

とことん心を通わせた親友もいる。

山口聖矢。元サッカーのＪ３のプレーヤーである。読者の皆さんは、不思議に思われるかもしれないが、幼稚園からの付き合いで、今でも週に3、4回のペースで会っている。ご飯も食べに行くし、スーパー銭湯で一緒に風呂にもつかる。彼が現役のプロサッカー選手だった頃には、僕たちが世界戦前に行う熱海合宿にまで同行、同じトレーニングメニューにつき合わせたこともある。腹を割って本音で付き合える友だ。何でも話せるのは、もちろん、例えば互いに1時間無言でも違和感なく過ごせる。「ボクサー井上尚弥」のオンオフのオフの時間を豊かにしてくれている親友である。

聖矢との出会いは運命的だった。地元が一緒で入園した幼稚園も同じ。入園した初日にたまたま履いていた靴が聖矢と色もメーカーも同じものだった。ただサイズだけが違っていたため互いに右と左を間違って履いて帰ってしまったのである。母が片方のサイズが違っていることに気がついた。母親同士が連絡をとりあって、翌日に晴れて交換。その一件から意気投合した。母は、当時からママさんバレーをやっていて、聖矢の母とチームも同じになり家族ぐるみの付き合いが始まったのである。

聖矢は、ずっとサッカー部。山梨学院大卒業後にＪリーガーとなり、Ｊ３のＳＣ相模原でプレーしていた。僕は幼稚園の頃、少しだけサッカーをしていたが、まったく詳しくはない。聖矢が、サッカー話をし始めるとまるでトンチンカン。しかし、互いにプロアスリートとして尊敬しあい切磋琢磨していた。

だが、先にプロの世界を引退したのは聖矢だった。

他人に興味が薄い僕は、人から相談されることは少ない。珍しい人生相談は聖矢からあった。聖矢は、結婚して家庭があり、座間に家もあった。

あるチームから声がかかっているが、このチームは給料が出ない。もうひとつ別のチームからもオファーがあって、こちらは給料が出るが、地方のチームのため単身赴任になる。彼は、どうすべきか進路に悩んでいた。彼の親は、地元で車の設備の会社を経営していて、そこで働くという選択肢もあるとも話していた。

「もう26歳手前だろう。どこでプレーしてもＪ２、Ｊ１に上がってプレーできる保証はない。もし給料が出ないのなら仕事ではなく単なる趣味じゃないか。家族もいる。オレは、どちらも反対だな。第二の人生をスタートするなら早いほうがいい。自分の思いだけで残って先があるならいいが、先が見えないところで、だらだらとあと数年サッカーをしたいだけなら辞めて家の仕事を手伝った方がいいんじゃないか。そこから次の人生が広がることがあるかもしれないじゃないか」

シビアな意見を言った。相談されても、他人には、ここまで自分の思いを伝えることはまずない。親友だからこそ僕は隠さず自分の考えを口にした。

聖矢は、きっぱりとサッカーを辞めることを決意。第二の人生をスタートさせた。

実は、僕も聖矢に助けられたことがある。

プロ6戦目に初めて世界挑戦する直前に僕は1か月間だけ、当時、同棲していた今の妻と別れたことがあった。青春時代にありがちな、理由なき理由で、紆余曲折があって別れたが、このとき間に入って復縁のキューピッド役をしてくれたのが聖矢だった。

人は一人では生きられない。友を助け、友が僕を助けてくれる。

WBSSの準決勝もグラスゴーまで応援に来てくれた。そして、その日は、一睡もせず聖矢ら仲間と一緒に、ほんの少しだけ街のカジノへ繰り出した。聖矢は負け続けて無一文。

「自腹で来て、ここでも負けた！　きつーーい！」

感動のグラスゴーの夜の最後に僕を愉快に笑わせてくれたのは親友だった。

6R

最強スイッチ

自分の勝ち方を作る

なぜ井上尚弥はKOを量産できるのか。現在、8試合連続KO中の僕の謎解きを試みるメディアは少なくない。ここ3試合は、いずれも2ラウンド以内での決着。海外メディアは「マイク・タイソンの再来」とも評してくれる。僕なりに自己分析をしてみよう。

大橋会長は、「元々あったパンチ力が出ているだけ。これまでは、せっかくの力を厳しい減量で削ってきた。前から減量のない段階でのスパーリングでは、ずっと今のボクシングをしていた。とにかく連れてきたパートナーが持たないんだから。アマチュア時代に田中恒成に勝っているフィリピンのIBF世界スーパーフライ級12位ジェイド・ボルネアも、最初は打ち合ったが、数日経過すると、手が出なくなった」と言ってくださる。

バンタム級に上げたことで減量苦から解放され、せっかくトレーニングで作り上げたフィジカルを削り取る負の要素はなくなった。比例してパンチ力も伸びている。

パンチをどこで打つか？　と聞かれると、今は「足で打つ」と答えることができる。

例えばフックは、まず左足で巻き込み、腰の回転を加えるイメージだ。

実は、2013年8月の田口良一さんとの日本ライトフライ級タイトルマッチまでの4試合と、それ以降の僕では、パンチを打つ際の基本理念が大きく異なっている。5年もの年月をかけて、ジワジワと改造、進化を試みてきたのである。

デビューから田口戦までの4試合は、簡単に言えば、手打ちだった。足、腰、肩、腕の全身を使ってパンチを放つ連動がなく、アマチュアのように、アップテンポで、ハンドスピードを速め、リズムと手数だけを重視するパンチの打ち方。徐々にダメージを蓄積してフィニッシュに持っていこうとする考え方だ。

田口さんとの日本タイトル戦も、タイミングよく当たれば倒せたかもしれないが、一発で終わらせる体重を乗せたパンチは一発もなかった。まだアマチュアの癖が抜けきっていなかった。当時のアマチュアの特徴だったアップテンポのボクシングを10ラウンド続けることをテーマアップしていたのだろう。試合は、フルラウンドの10ラウンドまでいき、3－0の判定で、伝統ある日本タイトルの証を腰に巻いた。しかし、僕は「このままのスタイルでは倒すパンチは打てない」と自問した。

小学生の頃、サンドバッグやミット打ちの際、父に「パンチを打ち抜け！」と教えられた。体が流れない体幹とバランスの良さがなければ思い切りパンチは打ち抜けない。ディフェンスを意識しすぎてパンチを引くことに気がいけば手打ちになる。ボクシングの土台は、そこになる。そして、その基礎を実際の試合で応用していくとなるとパターンによってパンチの打ち方、意識が変わってくる。

相手にダメージを与えるパンチ、リズミカルなパンチ、相手や場面によってパンチの種類も意識する点も違う。拳を握って打つパンチもあれば、握らないパンチもある。基本通りに打ち抜くパンチもあれば、テンポ重視のパンチもある。それぞれのパターンを想定しながら、パンチの打ち方も変幻自在に変えていかねばならない。ただ、相手を一発でKOに追い込むほどのダメージブローには、全身のバネを使わねばならないし、コンタクトの瞬間にグローブの中で拳をしっかりと握り込むことが必要になってくる。

続くプロ5戦目。2013年12月のヘルソン・マンシオ（フィリピン）とのOPBF東洋太平洋ライトフライ級王座決定戦で、少し重心を落とすことを意識してボクシングスタイルを変えてみた。まだ地獄の減量があったが、その少しの変化だけでパンチに体重が伝わるようになった。ヘルソン・マンシオを2回に連打で倒し5回TKOで決着をつけた。

2014年の年末の試合からスーパーフライ級に2階級上げてナルバエスを2ラウンドにギブアップさせたが、今度は、拳を痛めるという代償を負い、次の壁にぶつかった。一気に2階級上げて減量苦から解放された僕は、フィジカルとパワーだけに頼るボクシングへ向かってしまったのである。この時点では「足で打つ」意識も発想も生まれていない。殺戮の破壊力がついてきたパンチに勘違いしていたのである。

強いパンチを打つための原理は一言では語れない。

「重心」「距離」「体重の乗せ方」の3つは、不可欠。重心をどこに置くかは、ケースバイケースで変化する。ストレートを打つ場合は、完全に前。体ごと前へ体重を乗せる。フックの重心は、前でも後ろでも、状況によって動いていい。ロドリゲスをグラスゴーのリングに撃沈させた試合で左フックを放った際の重心は、やや下がり気味だった。左フックに関しては重心の位置を使い分け、右のフックに関しては前に置く。

そして、ごく最近、つかみ始めたのが力任せにならず「足で打つ」という新感覚だ。

「足で打つ」感覚を覚えたのは、バンタム級に上げた初戦のジェイミー・マクドネル戦からだった。その試合から3試合、秒殺が続いている。早期KOと「足で打つ」感覚は、密接に結びついているのである。おそらく、田口さんに勝った当時のまま、減量苦を逃れた恩恵だけにすがり、パンチの進化に取り組んでいなければ、いくら過酷な減量がなくなったといえど限界はあった。今のスタイルのボクシングには辿り着いていない。時間をかけ、日々、試行錯誤をしながら今に至っているのだ。

もうひとつKO勝利を演出するための非常に重要な条件がある。

パンチ力をどう生かすのか、という問題である。ボクシングの相手はパンチを浴びまいと巧妙に動く。止まっている物体を打つだけなら、僕よりもパンチ力の数値が上のボクサーはいくらでもいる。ドラムミットに一発、一発パンチを打ち込むだけなら、拓真の方が、遥かにパンチがある。要は、動いている相手にどう当てるか、敵の脳を揺らすために、どんな打ち方をするかが問題なのだ。ボクシングで〝当て勘〟と呼ばれる分野での答えの導き方である。

戦国の世に剣豪と呼ばれた達人はハエを箸で挟むことができたとの逸話がある。ハエは勝手に飛び回る。いくら反射神経と、箸を出すスピードが神業であっても、今、そこを飛んでいるハエを目視で捉え、箸で追って挟もうとしてもタイミングとしては遅い。ハエが動く先を予測して箸を出さなければ挟むことはできないだろう。これは、動く標的にパンチを当てるボクシングの世界観と似ている。

しかし、相手がどう動くかを予測してパンチを繰り出せばいいという単純な話ではない。まず予測が外れれば、反撃を食らうという危険性がある。また予測した場所にパンチを出しても距離が合わないと、重たいパンチが相手の急所まで到達しない。予測に成功して、なおかつその距離もピタリと合わないとKOパンチとはならない。

予測は感性。距離の調整は、動くものを追いかける優れた動体視力と、反応、肉体の起動の連動である。それらのすべてをクリアしなければ、動いている相手の急所にダメージブローを浴びせることができないのである。とても難しい作業である。しかも、スパーリングで経験を積めば、〝当て勘〟が磨かれるというわけではない。「感覚とひらめき」という、天から降ってくる、ほんの少しの才が、そこにプラスされなければならないのである。

僕には、アマチュア時代から動く相手に的確にパンチを当てる能力の片鱗があった。当時は、特別に実感したことはなかったのだが、今、振り返ると、その特殊能力が昔から備わっていた気がする。

第2ラウンドの戦い方

たかが60秒、されど60秒。3分1ラウンドで進行するボクシングには、ラウンドとラウンドの間にインターバルと呼ばれる1分間の休憩がある。コーナーに戻って出された椅子に座ると、F1のピットインのように、その限られた1分間で、スタッフが四方から総出で緊急メンテナンスを行ってくれる。タオルで汗を拭き、うがい、水分補給、取れたワセリンの塗り直し、もし被弾して顔が腫れていれば、特製の冷却器具や氷嚢で患部を急冷し、もしカットでもしていれば、血をぬぐい、コミッショナーの許可を得た薬を塗り込んで止血作業をする。そして最も重要なのが、この1分間での作戦会議である。

コーナーに戻るとチーフトレーナーの父が真正面に座り、トランクスを緩めながら深呼吸をして呼吸を整える。全身に溜まった乳酸を消し体力を回復させると同時にアドバイスが飛ぶ。

たいていの場合、冷静に、その一言一言が頭に入る。

「集中しろ」

ここ最近は、早期KOが多いため、インターバルの時間が少なくてあまり思い出せないでいるのだが、メンタル面の話が多い。

もし12ラウンドを戦うとすれば、11回のインターバルがある。実は、僕は1ラウンドが終わった後の最初の1分間のインターバルが大嫌いだ。ある種の恐怖感に襲われる。

なぜならボクシングで最も怖いラウンドが2ラウンドなのである。1ラウンドで、互いの手の内がわかる。別章でも書いたが、1ラウンドでは、五感をフル活動させて情報を収集。スピード、パンチ力、間合い、ステップなどを察知して、猛烈なスピードで、それらの情報を処理して対策を練らねばならない。その察知と情報処理のスピードと内容に最近、磨きがかかってきたが、実は、その作業は、僕だけでなく、相手も同じことをしているのだ。

情報処理を行った上で、戦法を変えてくる選手がいる。1ラウンドは、ある意味、互いに手の内を探っているから気持ちは楽。だが、井上尚弥を経験し、感じた相手が、2ラウンド目から、どう出てくるのかを考えるだけで、心拍数が上がる。

1ラウンド目と、何ひとつ変わっていない選手に不安はないが、スタイルを変えてくるボクサーは厄介である。そういうボクサーは何かを持っているのだ。外から見るとわかりにくいだろうが、気持ちの強め方、弱め方も拳を交えると感じるものなのである。

2ラウンドには魔物が棲んでいる。

あのグラスゴーのWBSS準決勝のロドリゲス戦では、コーナーに戻ると父が、「相手のパンチは大丈夫か？」と聞いてきた。「大丈夫、それほどない」。そう返答すると、父は、続いて「リラックスしていこうよ」とアドバイスをくれた。

1ラウンドは、ロドリゲスがプレスをかけてきた。ジャブの差し合いでは、何発か〝先の先〟をとられ、カウンターは、互いに空振りになった。それでも「技術で勝負したとしても負けない」「これなら倒せる」という自己分析があった。ただ1ラウンドは動きが堅すぎた。父の言葉通り、ここで、1回、リセットしようと、2ラウンドの戦術変更を決めたのである。

ボクシングにおいてリラックスを誘導する動きは、「体を振る」「足を動かす」である。

2ラウンドに入ると、僕は重心を下げ、膝をリラックスさせ前後にステップワークを使った。重心を下げることで前進を止め、前後に足を使うことで、1ラウンドにあった接近戦を避けて自分の距離をキープしたかったのである。

だが、2ラウンドのロドリゲスは何も変わっていなかった。おそらく、1ラウンドの攻防では、自分が優勢だと判断して、「このままいけば大丈夫」とでも考えたのだろう。実際、ロドリゲスはプレスを効かせてきた。だが、僕からすれば1ラウンドは様子見だった。

こちら側からボクシングをガラッと変えたのである。

至近距離で右ボディから内側からねじこむようにして打った左のショート。フックではなくストレートだ。距離がドンピシャで合った一撃にプエルトリコ人はキャンバスに転がった。

現状維持の方針で何も変えなかったロドリゲスと、変わることを決断した自分。あのわずか1分間のインターバルが勝敗を分けたのかもしれなかった。

その恐怖の2ラウンドにボクシングを変えてきたボクサーもいた。アメリカ初上陸となった2017年9月に「SUPERFLY1」で戦ったアントニオ・ニエベス（米国）は、2ラウンドに入ると、1ラウンドの好戦的なボクシングが嘘のように逃げに徹した。ニエベスが感じた僕の評価への答えがそれだったのかもしれないが、初参戦となる米国でインパクトを残したかった僕からすれば、その変更は願い下げだった。結局、6ラウンド終了後にギブアップさせたが、守りに徹した相手を劇的にKOするのは難しいのである。

２０１６年の年末に戦った河野公平さんも2ラウンドからボクシングが変わった一人だった。技術的に何かをチェンジさせたのではなく、「絶対に下がらないぞ！」という決意の強さがボクシングに現れ、さらに強くなった意志が伝わってきた。河野さんも6ラウンドに仕留めたが、その心意気が嬉しかった。ドネアとの試合の最初のインターバルで僕は何を考え、ドネアは、どうボクシングを変えてくるのか。60秒間の駆け引き……つくづくボクシングはメンタルスポーツなのだと思い知らされる。

小さな日常を長所につなぐ

「打たさずに打つ」

この理想のボクシングを支えるのがディフェンスの技術である。

実は、攻撃は最大の防御であり、先にパンチで威嚇し、十分に警戒させ、警戒させることによって相手の攻撃がダウンすることが、一番の防御にはなる。だが、アマチュアとプロに共通する勝利の鉄則は「打たれなければ負けない」ということなのだ。

攻撃は最大の防御の思考を持ちつつ、負けないボクシングを突き詰めると、「ディフェンスすること」が答えとなる。そのディフェンスの基本とは何か？

空間で外す――。

僕はディフェンスの原則は触らせないことだと考えている。

それが間に合わなければガード。特に打ち終わりのガードは必須である。相手の情報を得るためにあえてガードの上からパンチを打たせることはあるが、基本、ガードの上からであってもパンチはもらわないように注意している。あくまでもガードは、空間でパンチを外せなかった場合の第二の防波堤というわけである。

空間でパンチを外すために必要なことは、距離とポジションだ。

パンチの当たらない距離と、ポジションを把握し、そこでボクシングをしていればリスクは回避できる。その距離を作るには、ダッキング、ウィービングなど上半身を使ったテクニックもあるが、最も意識しているのは、ステップイン、ステップバックのステップワーク。

この動きは、永遠のテーマで、日々、「こうしたらどうかな」「ああしたらどうかな」と、試行錯誤を繰り返している。減量後のリカバリーに気を配り、試合当日のコンディションを最高の状態に持っていこうと努力しているのは、それが直接的にステップワークに影響を及ぼすからだ。

そのディフェンスの技巧を学んだ人がいる。

誰かに影響されるということがない僕が、第二の師匠と呼ぶ、須佐勝明さんである。

6歳でボクシングを始めたときも特定のチャンピオンに憧れたわけではなかった。ボクシングに本格的に取り組むようになり、父から「この試合を見ろ!」と言われ世界戦のテレビ中継をリビングで一緒に見ることもあったが、「仕方なく見る」というくらいの興味しかなく、試合の終盤にウトウトと寝てしまいよく怒られた。

そんな僕が、須佐さんだけには、強く興味を抱き、教えを請うたのである。須佐さんは、ロンドン五輪フライ級代表で、現在、自衛隊体育学校でコーチを務め、全日本の強化委員もされている方だ。

高校時代に僕はロンドン五輪出場を狙うアマチュアの全日本の強化合宿で須佐さんと一緒になり、インドネシア大統領杯や五輪アジア予選などの海外遠征でも共に戦った。

ナショナルトレーニングセンターで行われた全日本の合宿は、当時、18歳の僕にとって刺激的だった。のちにロンドン五輪で金メダルを獲得する、現在、WBA世界ミドル級王者の村田諒太さん、北京五輪代表でロンドン五輪では銅メダルを獲得、現在は、同じ大橋ジムに所属している清水聡さん、北京五輪代表の川内将嗣さんら、年上のトップアマがズラリと揃っていた。

その5つも6つも年上の強豪ばかりの「大人の世界」に一人の高校生が紛れ込んだのである。僕は小、中、高とずっと井上家でボクシングに打ち込んだ。学校の部活には所属していなかった。団体行動をした経験がない。小学生の頃は町田協栄ジムへ通ったが、上下の規律のある中で練習をしてきたわけではなかった。それだけに、この集団の中でどう活動すればいいのか、どう練習についていけばいいいのか、自分から積極的に溶け込むべきか、或いは、静かに誘いを待つべきか、いろんな戸惑いを持って、その輪の中に飛び込んだ。幸いなことに、父には、「挨拶」「礼儀」という躾だけは、叩き込まれていた。僕は、しっかりと挨拶をすることと、練習には誰よりも先にいくことだけを守った。すると村田さんら大人の人たちは優しく迎え入れてくれたのである。

練習では階級の違う人たちともマスボクシングもした。カルチャーショックに襲われたのが須佐さんだった。

怪物に思えた。パンチ力、スピード、距離感、そしてなにより、そのステップイン、ステップバックのステップワークの俊敏性に目を奪われた。打とうと思ったら、そこから消えている……そんなステップワークである。この人が北京五輪に出られなかったことが信じられなかった。

福島の会津訛りが残る須佐さんは、温厚で朴訥としていて、ごく自然に教示してくださった。僕から、グイグイと話を聞きにいったわけではなく、動きを盗み、気になる点だけ質問をしたりした。須佐さんは、国際試合においてのポイントの取り方や守り方、そして、ステップの仕方を丁寧に伝えてくれた。

アマチュアの国際試合のルールは、コロコロ変わっていて、そのルールへの適応力が勝敗を左右していた。つまりルールに則った戦法を早く身につけた選手が有利なのだ。当時の国際試合は、手数よりも、クリーンヒットしかポイントにならず、しかもボディは、ほとんど評価されなかった。カメのようになって相手がきたときにカウンターを合わせる、或いは、しっかりとパンチを外してカウンターを当てる、そういうスタイルが主流になりつつあった。カウンター合戦である。須佐さんは「ステップと距離感が勝負の決め手になってくる」と言っていた。

あの目の覚めるような須佐さんのステップイン、ステップバックの前後の俊敏さをどう盗むか。

「尚弥、いつだって意識したら練習になるんだよ」

当時、須佐さんは、牛丼の「すき家」でアルバイトをしていたが、必ずトレーを片手で持ち手首を鍛えていた。サウナに入ったら、足元にバスタオルを置いて、それを親指で丸めるトレーニングをしていた。足の指を鍛えることが、ステップインの速さにつながると、須佐さんは物静かに教えてくれた。

「本当に強い人はそこまでやるのか」

一種のカルチャーショック。

父からは、普段、リビングにいて、テレビを見ているときにも、腕立てができる、腹筋ができると、教えられてきたが、それと身近でその天性的な凄さを感じていた現役のボクサーから話を聞くのとでは響き方が違った。

須佐さんの天才的なボクシングが、小さなことを毎日、コツコツと積み重ねることに裏付けられていたことがよくわかった。須佐さんは「それを習慣にするんだよ」と説いた。

僕は、自宅で足指トレーニングを真似し、自分自身でも毎日、できることを探した。のちに経験したバイトでも、ボクシングにつながるように、荷物運びを選んだが、使用済みの長いバンテージを片づけるとき、腕を伸ばし手首を使ってインナーマッスルを意識して巻くように心掛けた。今でも毎日、そのバンテージ巻きトレーニングは続けている。

普段から何を意識して練習しているかが重要なのだ。どんな小さなことでもいい。その意識しているものが、やがて自分の長所になる。逆に漠然と毎日のジムワークをこなすだけでは、意識している人との差はどんどん広がっていく。そこに上達はない。そのうち自分のできることしかできなくなる。僕のボクサーとしての特長であるステップイン、ステップバックの速さは、須佐さんに学び意識することから始まったのである。

一流を真似る

憧れや手本にしているボクサーは今も昔もいない。しかし、ボクシングというものがわかり始めてきた頃から、「このボクサーのここはいいな」「何とか真似できないかな」と、一流ボクサーのパーツ、パーツを学び始めるようになる。いわゆる、いいとこ盗りだ。

父も僕と同じで、昔からWOWOWで海外ボクシングを穴が開くくらいに見て海外の一流ボクサーのテクニックの部分、部分を自らの指導に取り入れていた。一流は一流を知るという言葉がある。トップファイターから学ぶべき点は多いのである。

最初に真似をし始めたのが、前述してきたドネアがモンティエル戦で放った左フックのカウンターだった。ドネアは2ラウンドにモンティエルの右フックに対して左フックをカウンターで合わせ、その顎を打ち抜いた。しかも、モンティエルの右フックをもらいながら首を振るスリッピングアウェーの高等技術を使い、紙一重でかする程度に受け流し、左フックを返した。もしパンチをまったくもらわないポジションにいたのならば、あのパンチには、あそこまでの衝撃度は生まれていない。まさに神のカウンターである。

僕は、このドネアの左フックに惚れ込み、翌日から、父とのミット打ちで練習し始めた。自分流にアレンジしてはいるが、グラスゴーでロドリゲスを倒した左のショートパンチの原型は、このモンティエル戦のドネアの左フックなのだ。

49戦無敗のまま引退した元5階級制覇王者、フロイド・メイウェザー・ジュニア（米国）は相手に体を触れさせない曲芸的なディフェンスが特徴である。拓真も理想のボクサーとしてメイウェザーの名を挙げる。しかし、あのディフェンステクニックだけは真似しようとしても不可能だ。目の良さに加え、上半身の特殊な柔軟さがあるがゆえのテクニック。

はなから、それを真似しようとも思わなかった。僕がメイウェザーから盗んだのはジャブのテクニックである。メイウェザーのジャブは、そのモーションが独特なのだ。肩を動かしてジャブを打とうとするが、その動きに合わせてジャブは出てこない。肩の動きは一種のフェイントで、違うタイミングで肘から先の手の動きだけがノーモーションのジャブが飛んでくる。相手は、肩のアクションに騙され、ガツン、ガツンと、ジャブを連続で打たれるわけだ。

ジャブには、効かせるジャブ、距離や相手の出方を探るジャブ、次のパンチへの餌としてのジャブなど、いろんな種類と狙いがあるが、僕は、そのジャブのひとつに、このメイウェザーのジャブのエッセンスを取り入れようと試行錯誤してきた。

ボクシングの基本であるジャブで言えば、最近、積極的に盗もうと試みているのが、世界ライト級3団体統一王者、ワシル・ロマチェンコのそれだ。

彼は肩をいかり肩のように上げて、やや上に向かってジャブを打つ。肩を顎部分が隠れるくらいにグイッと上げるのがミソで、この動作により相手のカウンターを防ぐ効果が生まれる。相手は、そのジャブに合わせてパンチを放ってくるが、すべて肩をかするだけで、深刻な被弾はしない。面白い発想だ。ゆえにロマチェンコは、タンタンタンと高速ジャブを3発打っても、相手の反撃をもらうことは、まずないのである。

このジャブは目下習得中。ミット打ちの段階から意識的に試している。

6階級制覇王者、マニー・パッキャオからは、全盛期に見せていた怒涛の踏み込みを参考にした。パッキャオの偉大さは、まず1段、踏み込むと同時にパンチを放ち、すかさず2段目の踏み込みにパンチを重ねて相手を破壊することにある。その2段のステップインは至難の技。通常、2段目のステップインに対し抵抗を受けてパンチをもらうものなのだ。

実際、パッキャオも痛い目にあっている。2012年12月に当時、WBO世界スーパーライト級王者だった因縁のファン・マヌエル・マルケス（メキシコ）と4度目の対戦。この試合で、その2段目を打つ際に勇気にあふれた逆襲の右のカウンターをもらい6回にKO負けを喫している。だが、パッキャオは、その後、再起に成功。今なおリングに上がっている。打ち砕かれた恐怖に2段ステップが錆びつくことはなかった。1段、そして2段のステップインに勢いがあれば、ほとんどの場合、カウンターを打てず、相手が下がってしまうのだ。

身に付けたい攻撃力である。

インスタの動画を見て、その基礎練習を参考にしているのは、元WBO世界フェザー級王者のオスカル・バルデスというメキシコ人ボクサーだ。僕のスパーリングパートナーを務めてもらっているジェネシス・セルバニアが世界挑戦をして敗れた、無敗の強豪ボクサーで、彼は基礎練習の動画をインスタにアップしており、その練習方法が参考になる。右に動いて打つ、左に動いて打つ、というサイドステップの動きに加えて、肘をしっかりと上げて、下から上、下から上と、パンチを打ち分けていく基礎的なトレーニングを披露してくれている。その技術は、まるでボクシングの教科書なのだ。

村田諒太さんが標的にしているミドル級のトップに君臨している一人、ゲンナジー・ゴロフキン（カザフスタン）からは、左フック。ゴロフキンは40勝のうちKO勝利が34試合という高いKO率を誇り、その独特のテンポ、タイミングと当て勘の良さが際立っているボクサーである。高いKO率の理由は、その左フックの打ち方に隠されている。よく分析すると「なるほど、そうなのか」と感心する技術を使っているのだ。

ゴロフキンは、フックを打つ際、肘を上げて、いろんな角度から打ち込んでいくが、急所であるこめかみ（テンプル）をピンポイントで狙うわけではなく、あえて、おでこから側頭部辺りをガチャン、ガチャンと衝撃を加えるイメージで打っているのだ。

実際に真似をしてみてわかったが、ゴロフキンの意図はテンプルをキレ味のあるパンチで打ち抜いてダウンさせることではなく脳を揺らすことにある。だから、この〝ゴロフキンフック〟は、相手がヘッドギアをしていても効果がある。スパーリングでヘッドギアの上からガシャン、ガシャンと打ち込むと、打った直後ではなく2秒くらいの誤差があってからガクガクと膝が落ちるのである。

ここに書いたのは、ごく一部。これらの一流が極めた特徴のあるテクニックをまず真似をしながら試してみて、そのコツがわかると、今度はそれを自分流にアレンジしていく。最終的には、すべて井上尚弥オリジナルに変わるのだが、僕のテクニックのひとつひとつを分解して、紐解いていく作業を行えば、世界中の現役、引退を問わず、何十人もの名ボクサーの何かしらのテクニックに辿り着くのかもしれない。

7R

未来スイッチ

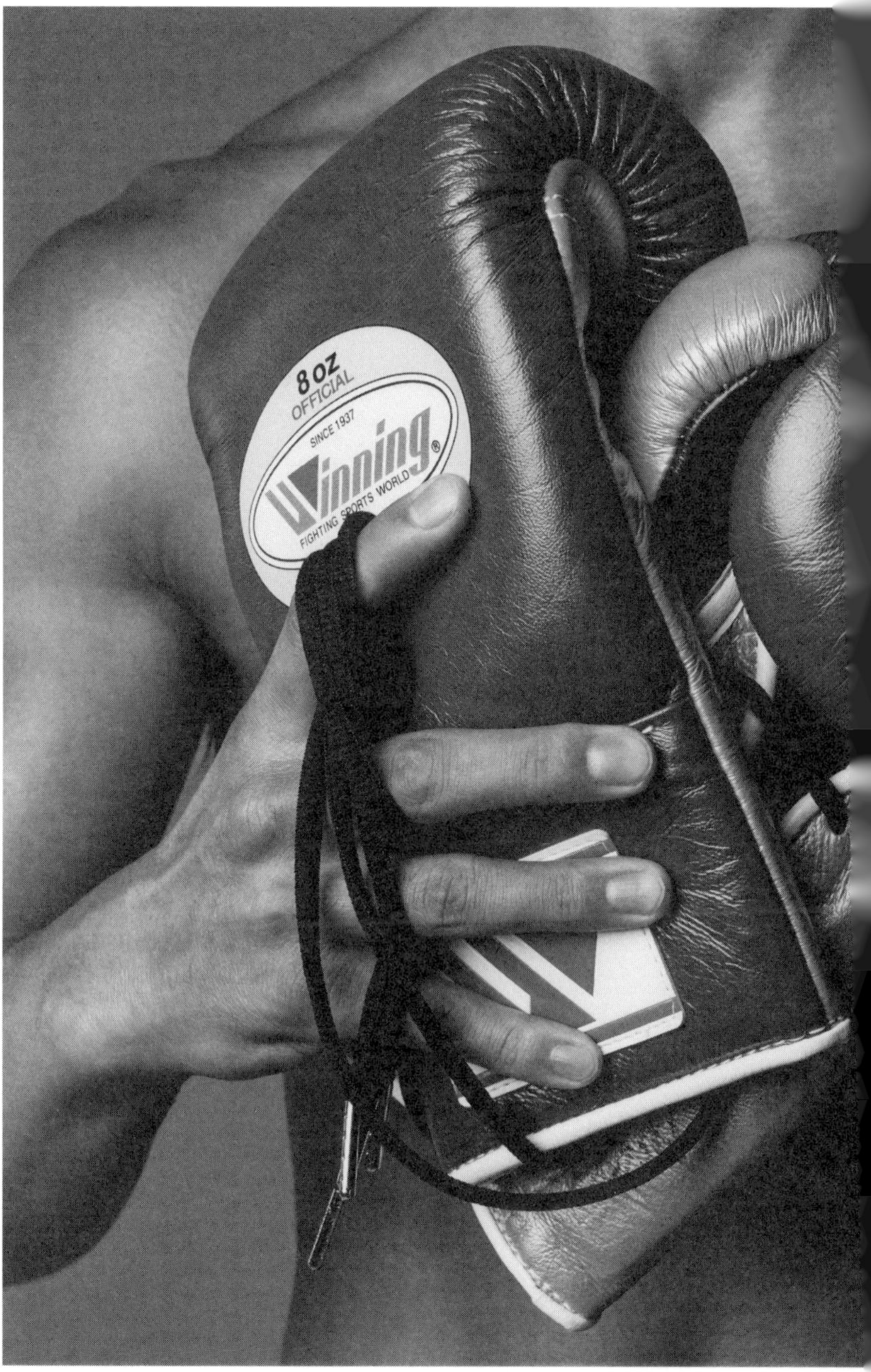
8 oz
OFFICIAL
SINCE 1937
Winning®
FIGHTING SPORTS WORLD

世界を広げる

遥かなるアメリカの情景に夢を重ねたわけではない。

「アナザースカイ」というテレビ番組のロケでラスベガスへ行った。訪れたのは、ボクシングの聖地と呼ばれるMGMグランドである。グラスゴーでのロドリゲス戦が終わり、IBF総会出席のためマカオにいった1週間後の3泊5日の旅だった。最近では、同じくラスベガスのAT&Tモバイルアリーナの方が観客収容の規模が大きいため、メガファイトは、こちらで開催されることが多い。だが、やはりMGMグランドは伝統の場所である。今回初めて足を踏み入れた。収容人数は、16000人。そう広くは感じなかったが、WBSSを極めて、大手プロモーターのトップランク社と契約することになれば、年に2回は米国のリングに上がることになるだろう。

アメリカに初上陸したのは、2017年9月の「SUPERFLY1」という軽量級で初の試みとなるイベントだった。メインは、〝ロマゴン〟の略称で知られる強打のローマン・ゴンサレスと、シーサケット・ソールンビサイ（タイ）の再戦。その勝者への挑戦者決定戦として、ファン・フランシスコ・エストラーダ（メキシコ）×カルロス・クアドラスの試合も組まれ、IBF世界同級王者のジェルウィン・アンカハスとWBA世界同級王者のカリッド・ヤファイ（英国）は参戦していなかったが、スーパーフライ級のトップクラスが集まる豪華な興行で、そこへ呼ばれた僕のモチベーションは上がっていた。

本場アメリカのリングには「KOイコール人気」というイメージを持っていた。その意識が強すぎて力みに変わったのかもしれない。出来として雑だった。「倒したい」の思いだけが先走って打ち急いだ。いきなりの大振りのパンチを繰り出し強弱もなかった。6ラウンド終了後に、敵陣営は白旗を上げたが、アメリカに爪痕を残すには時間がかかり過ぎた。そこそこの実力を持った選手がカメ状態になって強固にガードを固めてしまえば、なかなかこじ開けられないものだ。もし、最近とみに意識することが多くなった「倒すための作業」をここで綿密に実行していれば、こんなことにはならなかっただろう。

初めてのアメリカの洗礼も浴びた。西海岸特有の乾燥した気候、湿度である。とにかく乾燥していて汗が出ないのだ。最終調整段階での減量に苦しんだ。

異国の地での減量への不安があったので、普段よりもペースを上げて減量を進めておいた。試合の1週間前に成田から飛行機に乗った時点で残り2キロを切っていた。通常のペースなら余裕だが、現地のジムで動いても汗が出ず、そこからが落ちないのだ。リミットまで落とすためには練習しかないが、汗が出ないから練習量が必然的に増える。日本ならロープを10分も跳べば、じとっと汗ばんでくるものだが、20分、30分跳ばないと、そういう状態にはならなかった。本来ならば、練習量を落とし、疲労を抜き、体重調整だけに専念する時期に、ハードな練習を課し必要以上の負荷をかけねばならなくなったのである。すでに戦う以前に調整が狂っていたのだ。さらに計量後に体重が戻らなかった。

このときも、計量後に4、5キロは戻していた。しかし、数字上は戻っていても水分で戻った体重だった。細胞の中身が戻らずエネルギーが溜まっていなかったのだ。原因は計量後の食事にあった。

世界有数の大都市のロサンゼルスである。食材は何でも揃うだろうと甘く見て日本から食材を何も持っていっていなかった。計量後に、日本食レストランへいき、夜にはステーキ店。米類、つまり炭水化物の摂取が足りなかった。炭水化物、イコールエネルギーである。減量でからっぽになった燃焼タンクにドバッと炭水化物を放り込むことで、当日のエンジンが動く。試合当日も日本食レストランに行ったのだが、満足のいく栄養補給には至らなかった。4、5、6ラウンドにはエネルギー不足を感じた。全開とはいかなかったのである。

結局、このときの反省が、2度目の海外試合となったグラスゴーで生きることになる。僕らは、日本から米、餅、うどん、蕎麦などの簡単に調理できる炭水化物を食べきれないほど大量に持ち込んだ。人は失敗をして学ぶ。


では、初めてのアメリカがホロ苦い思い出なのかと言えばそうではない。相手や試合内容に関係なくアメリカでやることに意義を感じていた。そこに新しい扉がある気がしたのである。いい思い出になった。記者会見や公開で行われたスパーリングなどWOWOWで見ていた華やかな本場アメリカのボクシングの世界をリアルに体験できたのだ。早期KO決着にはならなかったが、最後は、ニエベスが降参、コーナーから立ってこなかった。キャリアの中で記憶に残る試合になったことは確かである。

メインカードのロマゴンVSシーサケットのWBC世界スーパーフライ級タイトルマッチの再戦は、控室のモニターで見ていた。

「いつか、この勝者と拳を交えることになるのかもしれない」という感情はなかった。またしてもロマゴンはシーサケットに倒されて敗れた。この試合の勝者への次期挑戦者は、この日の試合で、クアドラスを破ったエストラーダに決まっていた。僕が対戦するにしてもワンクッションがあった。「そこまで待てない」。それが偽らざる気持ちだった。

もしロマゴンがシーサケットの最初の試合に勝っていれば、僕との対戦が実現していたのかもしれない。だが、失望感はなかった。八重樫さんを倒し、その後、スーパーフライ級に階級を上げた時点で、実は、僕の対戦希望リストの中で、ロマゴンは上位に位置する存在ではなくなっていた。ミニマム級、ライトフライ級、フライ級時代のロマゴンは別格だった、しかし、スーパーフライ級では、体格も含めて限界が見えていた。パワーで階級を上げていくボクサーは、どこかで壁にぶつかるのだ。それよりも僕のターゲットはIBF同級世界王者のジョルウィン・アンカハスだった。目標を失ったわけではない。

V7戦となる年末のボワイヨ戦の前から2018年2月24日にアメリカで行われる「SUPERFLY2」への出場を計画していた。一度は契約書を送りながら流れていたアンカハスとの統一戦が実現しそうだったのである。年末からは、中1か月半のスパンしかなかったが、年末は〝前哨戦〟と位置づけ格下の31連勝中のフランス人を挑戦者に決めていた。しかし、事態は急転した。アンカハスは「SUPERFLY2」を主催する全米有料テレビ放送「HBO」のライバル局となるスポーツ専門チャンネル「ESPN」との放映契約を結ぶトップランク社の所属となったため、統一戦が流れ、急遽、アストン・パリクテ（フィリピン）がその代役となった。のちに4階級制覇を果たした井岡一翔さんとWBO世界スーパーフライ級の王座を争ったフィリピンのボクサーだが、当時は、まだローカルのベルトしか持っていなかった。僕は、そのパリクテを相手に2か月の短いスパンで、リスクを負ってアメリカのリングに立つ必要性を感じることができなかった。大橋会長も僕と同じ意見で米国再上陸を断念した。なんとも中ぶらりんの気持ちでスーパーフライ級の最終戦を迎えることになり、僕はバンタム級転向に舵を切ったのである。

正統派でありたい

SNS時代である。

僕もツイッターやインスタグラムを使っている。アスリートの発言力、発信力だと上段から構えるつもりはない。自己表現のひとつの形だと、広告代理店の社長から薦められて2017年7月から始めたものだ。最初は、発信することの持つ意味がよくわからなかったが、SNSをやっていくなかで、その影響力を少しずつだが理解できるようになってきた。

試合をするたびにフォロワー数も増え、執筆時点では、インスタが30万人弱でツイッターが14万人にあと一歩。試合の翌日には、山のようにダイレクトメールをいただき、感謝感激で、それらの声はモチベーションのひとつになっている。

まだ幸いにしてディスられ、炎上することは少ない。時折、僕のツイッター発言がネットニュースに取り上げられて拡散されたりもする。ただ発言がニュース記事になる場合とならない場合があって想定外の発言が拡散するケースも少なくない。

意図的に拡散を狙うツイッター投稿もある。最近では、週刊誌系のネット記事に「強すぎて試合が面白くない」「国内での認知度は今イチ」「名前も地味」などと、書きたい放題書かれたので、あまり普段は気にする方ではないが、さすがに放置しておけないと「失礼な記事だな。親が付けた名前に地味だなんて記事にする必要はありますか？」とツイートした。

そのツイートはネット記事になって大きな話題となった。この週刊誌系の記事を読んだ人が、どう受け取ったかはわからないが、誰も否定する人がいず、一方通行のまま、記事が独り歩きしていくことが許せなかった。僕にしては珍しくストレートに意見を発信した。試合の内容への批判や論評はあって当然で、何を書かれても受け止める度量はある。だが、井上家の名前をバカにされるいわれはない。

ひと昔前なら、黙認し、書かれ損の時代だったかもしれないが、こういう問題が起きるとSNSはつくづく便利なツールだと感じる。基本、「よけいなことは言わない、書かない」が僕のSNSに向かうスタンス。それでもネットは日常的に見るし、エゴサーチまではしないが、僕の記事に書かれているコメント欄も読む。更新回数や頻度は、おそろしく少ないが、ファンの方々との交流を深めるためにも、できるだけ発信していきたいと考えている。

だが、オファーをいただいてから、実際にSNSを始めるまでにかなりの時間がかかった。正直に言えば、拒否していたのである。プロのボクサーは、リング上のパフォーマンスだけで評価されるべきもの。それが僕の考え方だった。

ボクサーはリング以外で、日々一体何をやっているのかわからない。プライベートを曝け出すことはせずにファンとの適度な距離感と神秘性を作っておきたかったのである。

海外のトップボクサーは、記者会見や計量の際にトラッシュトークと呼ばれる一種のショーを演じる。ときには相手を罵り、ときには威圧して、一触即発のシーンまであって試合を盛り上げていく。それが、自由な表現の国であるアメリカの文化。エンターテインメントスポーツとして言葉という道具まで有効に使っているのかもしれないが、僕も一緒になって、同じ言動、行動をとっていたら、その他一人でしかない。

求めるスタイルは、SNS全盛の今の情報社会には合っていないのかもしれない。僕なりの違ったスタイルのボクサー像を作りたいと考えていた。正統派のチャンピオン像を貫きたかったのである。そのスタイルが僕なりの美学である。

しかし、そういう思いとは裏腹に、井上尚弥の名前は、なかなか既存のボクサーの枠を超えて弾けてはくれなかった。日本最速記録となるプロ6戦目で世界タイトルを取っても、ライトフライ級時代は内容もいまいちで、世間的な注目も認知度もなかった。

そこに焦りもあった。

記者会見では、あえて意図的に過激な発言をしてみたこともあった。

2階級制覇を果たしたオマール・ナルバエスとの試合から少しずつ知名度がアップしてきたが、拳の故障で1年のブランクを作り、その後の防衛戦では、対戦相手のインパクトが薄い試合もあったので、いかに試合を盛り上げるかを意識して記者会見では喋った。マスコミ嫌いではないが、人前で話すことは好きではない。そんな僕が思い切った発言を続けていた。

バンタム級に転向、WBSSへ参戦し、インパクトのあるKO勝利が3試合続くと、ガラッと世間の見方が変わり、ボクシングファン以外の方々の間でも、少しは井上尚弥の存在を知っていただけるようになった。バラエティ番組のトーク力やリング外の話題ではなく、ボクシングの中身でファンが認めてくれたのである。これを望んでいたのだ。

記者会見では「あるがままに正統に喋る」をモットーにしている。

SNS発信の基本姿勢も同じだ。今はアンチも少なく、炎上騒ぎも批判もない。

今後、どこかでコロッと負けたら、何を書き込まれるかわからない。それでもぶれないでいたい。

見せたいのはプライベート写真でなく感動と共感を呼ぶボクシングなのだ。

人生を逆算する

ボクシング人生のゴールは決めてある。

設定したのは35歳。4月10日生まれの僕は2028年の4月に35歳になる。その年で僕はグローブを吊るすことになる。

なぜ35歳か？　37歳、38歳では中途半端。キリのいいところで35歳に決めた。なにごとも感性、気分で決める僕らしい区切りの設定だ。その35歳のゴールから逆算すればボクシングへの取り組み方や姿勢も変わってくるだろう。言ってみればボクシングの終活。

昨年のいつだったか。何かのタイミングで父が唐突にこんな話をしてきた。

「尚さ。オレ、30歳の手前で引退して欲しいんだよ」

ボクシングは危険を伴うスポーツである。健康なまま、ダメージを負うことなく第二の人生に進んで欲しいという親心がよくわかった。結婚して、長男の明波が生まれ、もう自分だけの人生ではなくなっている。そういう環境の変化も父に、そう言わしめたのかもしれない。しかも、昔のボクサーは選手寿命が短かった。元WBC、WBA世界ミニマム級王者の大橋会長は28歳で引退した。WBA世界ライトフライ級のベルトを13度守り、日本人最多の世界防衛記録を持つ具志堅用高さんは26歳。1971年生まれの父世代からすれば、名ボクサーのゴールは30歳の手前だったのだろう。だが、現在は、確実に選手寿命が伸びている。目の治療の医療技術も上がっていて、網膜剥離ボクサーも昔のように即引退のルールではなくなり、スポーツ科学の進歩で、年齢を重ねても体力維持は可能になった。元WBA世界スーパーフェザー級スーパー王者の内山高志さんは37歳まで現役だったし、世界再挑戦を目指しているジムの先輩である元3階級制覇王者の八重樫さんも36歳、WBSSの決勝で対戦するノニト・ドネアも36歳、6階級制覇王者のマニー・パキャオは、40歳で、今なお、現役の世界チャンピオンである。

「30歳手前って言えば、あと4年しかないよ。お父さんは、デビュー10年で引退という考えかもしれないけれど、今の時代に10年では短くない？　だったら、ここからあと10年、頑張らせてよ。35歳の引退でいいんじゃない？」

そう返すと、父は、しぶしぶ、納得していた。

プロになった当初、引退の日は、もうダメだというくらい、打ちのめされボロボロになって終わりたいと考えていた。何度もダウンして、自分で自分の限界を知って負けて終わろうと。それがボクサーという職業を選んだ男の宿命で、僕が倒してきたボクサー達へのリスペクトの証になるのではないか。去り際は、「あの井上尚弥がやられちゃったね」と、哀れみを浴びて、ぱっと散る。敗者の美学だ。

でも、それはボクサーとしてのエゴイズムなのかもと思い始めた。

引退はボクサーとしてのゴールだが、人生のゴールではない。

日本人男子の平均寿命は約81歳だという。35歳ならば、人生の折り返し地点にも差し掛かっていない。まだ人生は半分以上残っているのだ。僕には大切な家族もいる。いつの頃からか、第二の人生のスタートをいい形で切るには勝って終わりたいと考えるようになった。

引退するまで負けられない。やはり理想はチャンピオンのまま勝って引退することなのだ。元5階級制覇王者のフロイド・メイウェザー・ジュニアのように無敗のまま辞めるのが理想だが、WBC世界スーパーバンタム級のベルトを取り返して防衛戦をしないまま引退した長谷川穂積さんのように最後にチャンピオンに返り咲いて終わるのもいい。

過去、日本人で世界チャンピオンのまま引退したのは、その長谷川さん、元WBC世界スーパーフライ級王者の徳山昌守さん、そして、不慮の自動車事故で亡くなられた元WBA世界フライ級王者の大場政夫さんの3人しかいない。

ただ無敗のまま引退したボクサーは一人もいない。

何も伝説のボクサーになるつもりはないが、例えば、引退カウントダウンを設定しながら、フィナーレに向かうのもボクシング界では過去に例がなく面白いかもしれない。そういう舞台を整えれば「やっぱりもう1試合」ともいかないだろう。

ボクシングホリック（中毒）という言葉がある。

辞めては、またボクシングをやりたくなり、打たれても、血みどろになって敗れて、その夜は、もう辞めると決断しても、朝になると、またジムへ行きたくなる。ボクシングの魅力に、どっぷりとはまりこみ、ボクシングから離れられなくなるボクサーのことだ。パッキャオも2度、引退を表明して撤回した。パッキャオの場合、ビッグマネーが動くボクシングビジネスが絡んでいて、個人の意思だけで進退を決めることができる単純な問題ではなかったのかもしれないが、彼もボクシングホリックの一人なのかもしれない。元WBC世界バンタム級王者の辰吉丈一郎さんも、今なお現役を表明されている。本当の胸の内を聞いてみたい気もするが、プライドと意地が、引退という2文字をかたくなに拒否しているのだろう。

子供の頃は、父から「もう辞めろ！」と何度か、本気で突き放されたことがある。小学3年のときは、僕のやる気のない素振りに父が本気でキレて、母に相談を持ち掛けて、やっとのこと、ボクシングの再開を許してもらった。でも一度として自分から「ボクシングを辞める」と言い出したことはない。考えたことすらない。

心底、ボクシングを愛しているのだ。幼い頃は、拓真がいて、浩樹がいて、自分一人だけが、その輪から抜けることができないという環境もあった。

しかし、意外と引退を決めれば、さっと翌日に辞められる気もする。

僕は35歳から先のことよりも、そこから逆算して、この10年間をどう過ごすか、ということを深く考えている。

終活は、残りの人生をポジティブにするという。ボクシングの終活も、残り10年間を濃密で幸福な時間にしてくれる。年間、3試合だとすれば、30試合。2試合なら残り20試合しかできない。そう考えると1試合も無駄にはできない。その準備段階の時間も含めて1試合もモチベーションの下がる試合はしたくないと思う。

最終的には、フェザー級。僕の身長からすればフィジカルを鍛えたとしても5階級制覇までが限界だろう。もちろん、ここ数年での転級は無理だ。引退するまでの最後の熟成の3年間、33、34、35歳の時代をフェザー級で戦いたい。この時に合わせて肉体もフェザー級用に改造しなければならないだろう。

米国の大手プロモート会社、トップランク社のボブ・アラム氏は、海外メディアに対して「今すぐにもやらせたい」と「パウンド・フォー・パウンド」の世界ライト級3団体統一王者、ワシル・ロマチェンコの対戦候補として僕の名前を挙げているらしい。

父は、「フェザー級まではいって欲しくない。リゴンドーみたいにブクブクになってまでボクシングをするのはカッコ悪い」と、ロマチェンコにギブアップしたリゴンドーを引き合いに出して将来的なフェザー級転向には反対している。

だが、ロマチェンコに関しては、「やることがなくなったら、そういう挑戦もいいね。今はまだ雲の上の存在。挑戦したいね」と前のめりになる。

実現すれば世界最高峰の技術を競うドリームマッチだろう。何が起きるかわからないのがボクシング界だが、現在ライト級のロマチェンコが2階級を落としてきて、僕が、いきなり2階級を上げてフェザー級で戦うことは、どう考えてもナンセンス。僕は7年後の33歳にフェザー級に上げる計画でいるから、そのときロマチェンコは38歳である。僕の中ではリアリティのないドリームマッチである。

それよりもメディアの方々からは、「バンタム級をいつ卒業して、スーパーバンタム級へ転級するのですか」という質問がよく飛ぶ。それに関しての明確な線引きはない。ドネア戦をいい形でクリアすれば、契約できる方向で進んでいる米国のトップランク社が、「次はスーパーバンタム級で、この相手とやろう」と、オファーしてくれれば、すぐに転級となるだろうし、そういう縛りがないのならば、バンタム級に戦うボクサーがいなくなるまで、納得がいくまで、かつて「黄金のバンタム」と評された、この階級で戦うことになる。

答えは自分の外にある

武者修行をしたい。

具体的に言えば海外でのトレーニング。アマチュア時代は試合でアジアを回ったし、プロになってからは、グアムの走り込みキャンプで海外を使ったことはある。だが、チャレンジしたいのは、海外でのジムワークだ。

タイミングはいつでもいい。WBSSの決勝が終わってからでもいいかもしれない。次の試合までの間隔があくのならば、その機会を生かして数週間は、海外で練習をしてみたい。

希望するのは練習環境の整っていない場所である。

米国の最新設備が整い、豊富なスパーリングパートナーが集まっている名門ジムではなく、例えば、僕も五輪予選で戦ったアマチュア大国のキューバであったり、パッキャオやドネアらの世界的強豪を生み出したフィリピン、そして日本人ボクサーと数々の名勝負を繰り広げたボクサーを輩出してきた笑顔の国、タイなど、これまで訪れたことのない場所に足を踏み入れてみたい。さすがに、単身でそこへいく勇気はなく、拓真と浩樹の2人には、付き合ってもらおうとは思っているが、3人いれば、どんな環境で何があってもなんとでもなる。3人だけで苦労してみるのもいい。

海外武者修行プランを考え始めた理由は、これから先の自分の成長、進化を考えたとき、すぐには答えが見つからなかったからだ。

自分なりに毎日の練習の取り組み方は、メニューも含めて工夫はしているが、基本的には自宅から通い、大橋ジムでジムワークをするという練習環境は、ずっと同じで、毎日、その繰り返し。マンネリとまでは言わないが、「この環境だけに満足してていいのかな」「このままで伸びシロを増やせるのかな」と、自分の先行きに危機感を抱くことが少なくなかった。

「何かを変えなくては」「変えたい」という焦燥感である。

継続は力である。だが、その継続の仕方は自分で考えていい。練習内容を変えるよりも、世界観を変えてみるのも手だと考えるようになった。

ハングリーな環境で、ギラギラした気持ちを持ち、一攫千金を狙うため人生をかけている人たちの中に混じって汗を流すことで何かを感じたい。それは僕がこれまで持つことのなかった種類のリングに上がるためのモチベーションの発見につながるかもしれない。まったく新しいボクシング技術やボクシングフィロソフィーに触れることになるのかもしれない。

できれば出稽古も復活させたい。ボクシングでは、相撲と同じく、他のジムにお邪魔して、そこの選手とスパーリングを行う練習を出稽古と呼ぶが、チャンピオンになってからは相手に大橋ジムに来てもらいスパーリングを行うのが常で、こちらから相手側のジムに出向くことはなくなった。チャンピオンに敬意を払うのが、この世界の暗黙の了解になっているから、そうなるのも無理はないが、慣れた環境でスパーリングを行うと、やはり緊張感に欠ける。高校時代には、他のプロジムへ出稽古に行って、まったく知らない練習生やプロが見ている中で道場破りの感覚でスパーをやっていた。ある程度、名が通っていたので、どのジムも歓迎はしてくれた。けれど、僕の実力を見定めようとする好奇の目にさらされ、対戦相手も「高校生になめられてたまるか」とガチガチの真剣勝負を挑んできた。

僕は僕で父からは「スパーでも倒せ！」と厳命を受けていたので必然スパーはバチバチした本気モードになり、その質は高まった。その積み重ねが力にもなった。もう一度、そのヒリヒリ感を感じてみたいのである。アクションを起こすのは、WBSSの決勝戦が終わってからになるだろうが、今、自分から何かを仕掛けなければ進歩はない。

道

心のバイブルがある。
２０１７年の７月に歌手のＣ＆Ｋさんが５枚目のアルバム「55」を発表、その中に収録されている「道」という曲である。

「道」
　作詞ＣＬＩＥＶＹ／作曲ＣＬＩＥＶＹ

足跡はやがて、あとに道を造るから
誰もいなくても　ずっと自分が見てるよ
時代の流れは僕にちょっと早いから
ここらで４歩　さがって１歩
３歩進めればいい
あの夢見る景色は　まだ先の先の先さ
どんくらい？　あとどんくらい？

歩けばたどり着くの？
上がって、下がって　なぜ道はのびてゆく
どんくらい？　あとどんくらい？
出会いがあるだろう

足跡が消えたあとに道はのこるから
自分に負けなきゃ　きっとだれかが見てるよ

時代の流れに　たとえ取り残されても
こころはずっと　あの日のまんま
忘れなければいい

未だまだ見ぬ景色は　この先の先の先さ
どんくらい？　あとどんくらい？
歩けばたどり着くの？
上がって、下がって　なぜ道はのびてゆく

どんくらい？　あとどんくらい？
別れがあるだろう

行こう行こう〜　夢見る景色へ
行こう行こう〜　未だ見ぬ景色へ
行こう行こう〜　夢見る景色へ
行こう行こう〜　未だ見ぬ景色へ

あの夢見る景色は　まだ先の先の先さ
どんくらい？　あとどんくらい？
歩けばたどり着くの？
上がって、下がって　なぜ道はのびてゆく
どんくらい？　あとどんくらいのドラマを見るだろう

（JASRAC出1911175-901）

この「道」の歌詞に、ふと立ち返るときがある。僕は、詩人ではないが、ひとつひとつの言葉が心に刺さる。ボクサー・井上尚弥の歩みに、その詩がリアルに重なるのだ。この歌と出会って以来、僕にとって絶対的な心のバイブルとなっている。その都度、ツイッターに、その歌詞の一部を拝借させてもらいアップしているので気づいているファンもいるかもしれない。

この「道」は僕のために作詞作曲してくださった歌だ。自分のストーリーをイメージしてくださったという。それを僕はアルバム発表後に知った。ミュージックビデオへの出演依頼があり、その経緯を聞き「嘘でしょ？」と耳を疑った。でもよくよく説明を聞くと、どうやら本当だという。

それより少し前に僕はC＆Kさんとフリーペーパーの対談で初めて会った。その歌声とメロディー、そして詩は、心に溶け込んでくるようで僕の大好きな2人組の男性ボーカルユニットだった。ジャンルにとらわれない楽曲で、音楽や、ファッションなど、あらゆるカルチャーの垣根をぶち壊すのがコンセプト。「ジャンルバスターズ」とネーミングしているのも、従来のボクサーの壁をぶっ壊そうとしている僕のスタンスと重なった。

だが、このときは対談をしただけでプライベートなお付き合いに発展したわけではなかった。その段階で書いてくれたことに感動を覚えた。公私を含めて、仲良くなってから書き下ろし、プレゼントしてくれた曲ではなく、ボクサー井上尚弥に、魅力を感じていただき、よく中身を知らないけれど、僕をイメージして詩にしてもらったことが嬉しかったのである。以来、プライベートでご一緒させていただく機会が増え、コンサートにも飛び入り参加させてもらい、一緒に歌わせてもらったことまである。

スケジュールが許す限り、試合会場にも来てくださり、アメリカデビュー戦となった「SUPERFLY1」にも、わざわざロスまで駆けつけてくださった。

ボクサーに物語など必要ないという考えである。ハングリーや、お涙頂戴のストーリーを押し付けるのではなく、あの四角いリング上のボクシングだけで人に感動を与えたいのだ。これまでの日本のボクシングカルチャーをぶっ壊し、世界で評価されるボクサーの道を突き進みたい。その足跡がやがて道を造る、僕の足跡が消えても道は残る……C&Kさんが詩ってくれたボクシングストーリーを描きたいという思いがある。

僕が見たい景色とは何だろう。

夢と目標は違う。目標は、必ず成し遂げたいという強い意思と、成し遂げられるという自信を持って描くもの。進んでいく「道」だ。しかし、夢は、叶うかどうかもわからない儚いもの。けれど、自分の中にずっと残しておくものだと考えている。目標は、ひとつひとつ、目の前にある。夢は、その遥か向こうに。僕が見たい景色は、その目標と夢の間くらいに存在しているのかもしれない。


明日を語ることが難しいボクシングの世界において、将来の構想を明かすことは、褒められたことではないのかもしれない。だが、ドネアの向こう側に、バンタム級では、もう一人の世界王者、WBO世界同級王者、ゾラニ・テテがいる。2017年11月に世界最速KO記録となる11秒KOで話題となったアウトボクサーである。テテも、当初、WBSSにエントリーしていてドネアと準決勝で対戦する予定だった。しかし肩の故障を理由にキャンセルした。ドネア戦を乗り越え、〝バンタム最強〟を追求し続けるのならば、避けては通れない相手だと考えている。ズバリ次のターゲットだ。

ファンや、海外メディアの間では、元WBC世界同級王者のルイス・ネリの名前も僕の対戦相手候補として取りざたされている。

悪童と呼ばれる、あのネリである。ネリは、元WBC世界バンタム級王者、山中慎介さんと2度対戦。2017年8月には、山中さんを4ラウンドにタオル投入によるTKO勝利で下して具志堅用高さんに並ぶ13度防衛の日本記録達成を阻止した。

しかし、のちにドーピング検査で陽性反応が出ていたことが発覚。WBCが再戦を指示して2018年3月に2人は再戦した。

このときにネリは、また許すことのできない失態を犯す。5ポンド(約2・3キロ)という、僕たちの感覚からすれば、到底、リミットまで落とす気があったとは思えない、とんでもない重量で前日計量をオーバーしたのだ。再計量までの猶予時間内でもリミットをクリアできず、その瞬間、王座は剥奪となった。この一戦に万全の準備をしてきた山中さんは血の涙を流したいほど悔しかったのではなかったか。

僕も会場にいたが、ネリが登場すると両国国技館は、日本のボクシング会場では聞いたこともない大ブーイングに包まれた。異様なムードの中、ゴングが鳴り、体の大きいままのネリは、パワーに任せて、2ラウンドに山中さんを倒して、W

BCの緑色のベルトは空位となった。その宙に浮いたベルトの暫定王者を勝ち取ったのが、昨年末の暫定王座決定戦で同級2位のCPフレッシュマートを3―0判定で下した拓真である。そして、今、拓真は正規王者のウーバーリとの統一戦という大一番が控えている。

もしかすると、その次の拓真の指名挑戦者候補としてネリが名乗りを挙げてくるのかもしれない。父は、「ネリなんかとんでもない。ルールを守れないボクサーと試合をする価値があるのか」と、いまだに怒っている。

しかも、JBCは国内でネリを事実上の永久追放処分にしている。だが、将来、どうしても拓真が、ネリと対戦しなければならないのならば、それは拓真が名を上げるチャンス。

父は「もしネリ戦を拒否できないなら、ウーバーリも、ネリもまとめて拓真が倒す」と、口癖のように言っていた。まず拓真は、いらぬ雑音はシャットアウトして、強敵のサウスポー、ウーバーリ戦に集中しなければならないが、もしネリが拓真のベルトではなく、僕に照準を絞ってくるのであれば、ネリの名前は戦うべきボクサーの一人として頭のどこかに置いておかねばならないだろう。未来のことは誰にもわからない。ただ未来を決めるのは自分自身の意思である。

あと書きのようなもの

本郷陽一（THE PAGE）

待ち合わせの時間にはまだ早かった。初めて降りた相鉄線・大和駅の出口は2つあり、とりあえずはと、人の流れについて構内を歩いていると電話が鳴った。

「今どこですか？」

井上尚弥からだった。

「早くない？　まだ30分あるよ」

「いえいえ。これが井上家のルールですから」

礼節を重んじる解散した国民的アイドルのメンバーの一人に面影が似たチャンピオンは、モンクレのTシャツを涼し気に着こなし一人で立っていた。

「住んでいる座間は、ちょっとだけ離れるんですけど育った街はこんなところです」

駅前にしては、少し閑散としていた。関東圏内だけれど地方都市のよう。店もまばらだ。スタバやベローチェといった都合のいいカフェは簡単には見つからなかった。

2人で歩いていると、ガラの悪そうな男が肩をゆすって近寄り握手を求めてきた。

「応援しています。頑張ってください」

世界のボクシング界の最先端にいる青年は青春時代を過ごした土地を離れようとしない。この本で彼自身が明らかにしているが、億を超える豪邸もこの街に買った。

「奥さんも僕も実家が近いんで自分も気が楽なんですよ。子供がいるので頼れる人たちは近くにいたほうがいい。その方が家庭はうまくいくんです」

50歳を超えたおっさんが、26歳の新米パパさんに、家庭が円満にいく方法を教えられるのも複雑な気分だが、「もうちょっと若いときにそれを教えてもらいたかったたな」と返した。

変わらねばならないものと、変えてはならないもの。人は立場が変わるごとに、その境界線は嫌らしく大人びて揺れる。だが、井上尚弥のそこはぶれない。

家族の絆が失われていく時代である。

親が子を殺める凄惨なニュースが珍しくなくなってきた。

親より自分。子供より自分。家より外。

血のつながりさえ裏切って自己中心主義がはびこる。

だが、井上尚弥が、愛したのは、古き良き時代の家族である。

父の教えを守り、母の愛情に支えられ、弟と手を取り合ってボクシングに熱中してきた。困窮と人生の苦労を知る父が、子に同じ思いをさせまいと懸命に築いた幸福な家庭である。

昭和の時代。人々は家庭が好きだった。

その時代を象徴するテレビ番組「寺内貫太郎一家」は、奮闘する家長が、小さな幸せを家族へ分け与え、子供たちは、その幸せをさらに大きくして両親へ投げ返し、世の中の不満へ立ち向かう物語である。井上家の絆の中心にはボクシングがあった。彼らが立ち向かったのは、時代や不条理な世の中ではない。世界で一番強いと言われているボクサーに勝ちたい、誰よりも強くなりたいという〝内なる戦い〟である。

辰吉丈一郎を一冊のノンフィクションにまとめたいと何年も追いかけたことがあった。原稿用紙300枚ほどを書いたとき、今は亡くなられた関西ボクシング界の重鎮のジム会長から「紅い灰」というタイトルにクレームが入って、いつのまにかお蔵入りしてしまったのだが、カリスマの複雑な心の深淵を少し覗いた。村田諒太のシンデレラストーリーと、その人間臭さに惚れ込み、著書の編集のお手伝いをしたこともあった。繊細な哲学者のごとき愛すべき好漢は、私のしわがれた声真似をした。

井上尚弥の先輩である八重樫東は、こう私に語りかけた。

「夢や高い志がなくたっていいじゃないですか？　今自分がなにものであるかを知って、どんな小さなことでも、そこから逃げず、投げ出さず、あきらめなければ、きっといいことがありますよ。敗者復活戦ってあるんです」

36歳の八重樫は、今なお懸命に敗者復活戦を戦っている。

彼らにとってボクシングは人生を示す物語だった。

困窮から脱出する手段、見向きもされなかった世の中への怒りを解く手段、或いは、見失いかけた自己を取り戻す表現の手段。それがボクシングだった。

やがてボクシングは己の人生そのものと重なり、強烈な個性を放ち輝く。バブルの時代、軽薄の時代、格差の時代……その輝きが、それぞれの時代の異端に映り、人々は自らにないものとその人生の一部を彼らに投影して熱狂を作った。

しかし、井上尚弥の登場の仕方は明らかに違った。

突然、世界一強い男が、神秘的に異次元から飛び出してきたかに映った。

英国人を112秒、ドミニカ人を70秒、プエルトリコ人を259秒。

一瞬にして壮大。

人間に備わった破壊力と可能性をまるでフィクションのごとく見せられるのだ。

しかも、対戦相手が一級品。ボクシングマニア以外には、なかなかそこが伝わりにくく、そここそが、ジャーナリズムの役割なのかもしれないが、カタカナで書かれる対戦相手全員が全員、その国でリスペクトを持って讃えられ、たくさんの野心と札束を懐にしまい込んだトップボクサーなのである。

おそらく井上尚弥にとってボクシングは物語ではない。

ボクシングは、井上家の昭和の時代のような家族の絆を深める物語を作ったが、それが目的ではなかった。

「ストーリー（物語）って必要ですかね？」

井上尚弥にそう問われて返答に困った。

まったく新しいボクシングカルチャーの始まり。

物語は、これから彼が歩いていく、未知なる領域の跡にできるのかもしれない。

最後に。

ひとつ彼に聞きたいことがあった。

例の〝ドン山根問題〟が弾け、プロアマ交流の象徴としてプロの東京五輪参加が解禁されるのではないか、との噂が立ったことがある。結局、引退届を提出後、6か月が経過している元プロに限り、アマ復帰が許されることになったのだが、もし本当に解禁されていれば、井上尚弥の東京五輪挑戦はあったのか。

「微塵もないです（笑）。東京五輪に出て金メダルでも取れればいいですが、その保証はありません。アマのトップレベルの拮抗した試合ってジャンケンみたいなものなんです。リスクしかないですよ。まあ堤君とかとスパーをやった感触で言えば、アマのアップテンポにはついていけるんで、日本代表くらいにはなれるかもしれませんが（笑）」

打ち合わせは1時間を超える長丁場になった。減量期間に入りかけていた彼はとてもストイックで、注文したアイスティーには舐めるようにしか口をつけず、すっかり氷は溶けてしまっていた。

井上 尚弥 NAOYA INOUE

大橋ボクシングジム所属
マネジメント／株式会社セカンドキャリア

元WBC世界ライトフライ級王者
元WBO世界スーパーフライ級王者
現WBA、IBF世界バンタム級王者

通算成績／18戦18勝（16KO）無敗

生年月日／1993年4月10日（26歳）
出身地／神奈川県座間市
身長／165cm

6歳から父・真吾に憧れボクシングを始める。新磯高校（現・相模原青陵高校）へ進み、史上初の高校7冠に輝いた。高3時にはインドネシア大統領杯で初の国際大会優勝。2012年にプロ転向。2013年8月に日本最速タイ記録となる4戦目で日本ライトフライ級王者に。OPBF東洋太平洋同級王者を経て当時の日本最速となる6戦目でWBC世界ライトフライ級王座を獲得。2018年に当時の世界最速2階級制覇記録となる8戦目でWBO世界スーパフライ級王者となった。2017年には米国「SUPERFLY1」に出場。7度の防衛後、2018年にバンタム級転向。WBA世界同級王座を奪い3階級制覇に成功すると、2018年10月からは世界一決定トーナメントであるWBSSに参戦した。ファン・カルロス・パヤノを70秒で倒した1回戦は、米国・リング誌の「KO・オブ・ザ・イヤー」に選ばれた。2019年5月に英国グラスゴーで準決勝をTKOでクリアしIBF世界同級ベルトも手にした。11月7日にさいたまスーパーアリーナで5階級制覇王者のノニト・ドネアと決勝を戦う。日本の年間MVPを2度受賞。

SWITCHES TO WIN

INOUE NAOYA

Creative director : AZZAMI (advertising・orchestra / Craft Design Technology)
Editer : Sportstimes
Art director : Ushiro Tomohito (WHITE DESIGN)
Copy writer : Hayashi Yutaka (Club Soda)
Photographer : KINYA (MILD)
Hair and makeup artist : Matsuo Katsumi (beauty direction)
Stylist : Kaneshiro Yumi (OR-STYLINGROOM)
Retoucher : Fukunaga Takeshi (VITA INC.)
Producer : Kikuchi Takayuki (WHITE Co.)
Assistant producer : Yamazaki Rui (WHITE Co.)
Designer : Murata Wataru (WHITE DESIGN) Hashimoto Toru (MILK)
Costume cooperation : KASHIYAMA the Smart Tailor
Cooperation : Ohhashi Boxing Gym

勝《か》ちスイッチ

発行日　2019年　11月　7日　第1版第1刷

著　者　井上《いのうえ》　尚弥《なおや》

発行者　斉藤　和邦
発行所　株式会社　秀和システム
〒104-0045
東京都中央区築地2丁目1−17　陽光築地ビル4階
Tel 03-6264-3105（販売）　Fax 03-6264-3094
印刷所　日経印刷株式会社　Printed in Japan

ISBN978-4-7980-6049-1 C0095